Perviae paucis Alpes

Viabilità romana attraverso i valichi
delle Alpi Centrali

Matteo Dolci

BAR International Series 1128
2003

Published in 2019 by
BAR Publishing, Oxford

BAR International Series 1128

Perviae paucis Alpes

© Matteo Dolci and the Publisher 2003

The author's moral rights under the 1988 UK Copyright,
Designs and Patents Act are hereby expressly asserted.

All rights reserved. No part of this work may be copied, reproduced, stored,
sold, distributed, scanned, saved in any form of digital format or transmitted
in any form digitally, without the written permission of the Publisher.

ISBN 9781841713298 paperback
ISBN 9781407325279 e-book

DOI https://doi.org/10.30861/9781841713298

A catalogue record for this book is available from the British Library

This book is available at www.barpublishing.com

BAR Publishing is the trading name of British Archaeological Reports (Oxford) Ltd.
British Archaeological Reports was first incorporated in 1974 to publish the BAR
Series, International and British. In 1992 Hadrian Books Ltd became part of the BAR
group. This volume was originally published by John and Erica Hedges in conjunction
with British Archaeological Reports (Oxford) Ltd / Hadrian Books Ltd, the Series
principal publisher, in 2003. This present volume is published by BAR Publishing,
2019.

BAR titles are available from:

	BAR Publishing
	122 Banbury Rd, Oxford, OX2 7BP, UK
EMAIL	info@barpublishing.com
PHONE	+44 (0)1865 310431
FAX	+44 (0)1865 316916
	www.barpublishing.com

Indice

Premessa	p. 1
I Romani e le Alpi. Un quadro storico	p. 4
Il II e I secolo a.C.	p. 4
L'età augustea	p. 7
La percezione delle Alpi presso i Romani	p. 10
Le strade di valico in età romana: caratteristiche tecniche	p. 16
Le strade di valico in età romana: tipologia delle infrastrutture di servizio nelle Alpi Occidentali e Centrali	p. 20
I percorsi	p. 25
La via Regina (da *Comum* ai valichi retici del Chiavennasco)	p. 26
Per i valichi dei Grigioni (Maloja, Giulio, Settimo)	p. 37
La via dello Spluga	p. 40
Le vie del Lario: Lario Orientale	p. 46
Dal Varesotto ai valichi della *Raetia* centrale	p. 53
La via *Mediolanum-Verbanus*	p. 54
La via da *Mediolanum* al Ceresio	p. 58
Tra il Basso Verbano e il Ceresio Occidentale	p. 61
Da Ponte Tresa a *Bilitio*: la via del Monte Ceneri	p. 63
I valichi alpini della *Raetia* centrale: il San Bernardino, il Lucomagno e il problema del Gottardo.	p. 64
La strada romana dell'Ossola	p. 72
Conclusioni	p. 89
Abbreviazioni bibliografiche	p. 95
Referenze fotografiche	p. 115
Elenco delle abbreviazioni	p. 116

RINGRAZIAMENTI

Di solito non amo profondermi in molti ringraziamenti, per timore di dimenticare qualcuno e per non essere tacciato di eccessiva "captatio benevolentiae". Quando però si riesce nell'intento di pubblicare una monografia, tanto più la prima, il merito in buona parte è delle persone, degli amici e dei maestri che hanno permesso questo avvenimento.

E' quindi piacevolmente necessario che ringrazi innanzitutto la professoressa Violetta De Angelis, già direttrice del Dipartimento di Scienze dell'Antichità dell'Università Statale di Milano, che nell'ormai lontano 1998 mi assegnò il premio "Giovani Ricercatori", con il cui contributo ho potuto condurre e portare a termine questo studio.

In secondo luogo un ricordo particolare al professor Fabrizio Slavazzi, della cui amicizia mi vanto, che ha materialmente permesso questa pubblicazione suggerendone modi e tempi e consigliandomi spesso e sempre per il meglio.

Ancora un grazie ad BAR Publishing, pronti fin da subito ad accogliere il mio lavoro nella loro prestigiosa collana e a curarne la pubblicazione.

E per finire un doveroso, grato e affettuoso ricordo alla professoressa Giovanna Bonora Mazzoli, che da ormai un decennio segue la mia crescita professionale e dirige con competenza e passione le mie ricerche.

Altri amici e colleghi, cui sono debitore di notizie, precisazioni e molto aiuto in alcuni passaggi del volume, sono stati nominati nel testo.

Last but not least, grazie a chi mi ha supportato in questi primi anni di lavoro, a Carlo, Matteo, Andrea, Claudia, Federica; ai miei "consulenti informatici" Giorgio e Lucia; ma soprattutto un bacio alla mia santa moglie Francesca e ai miei diavoletti Tommaso e Martino, talvolta "frenati" nella loro esuberanza di bimbi per "lasciare lavorare papà".

Premessa

Il tema dello sviluppo della rete viaria in età romana gode, negli studi di Topografia Antica, di una lunga tradizione storica, che ha il suo primo caposaldo negli *Itineraria Romana* del Miller, di quasi un secolo fa. In Italia un impulso decisivo è giunto a partire dagli anni Cinquanta del secolo scorso tanto dalla scuola bolognese e padovana cresciuta intorno a Nereo Alfieri e Luciano Bosio, tanto da quella romana di Castagnoli, che hanno intrapreso percorsi d'indagine che si sono man mano spostati dalla grande viabilità fino nei particolari dei singoli itinerari secondari. Si ha oggi piena coscienza che l'oggetto-strada è elemento cogente fondamentale del paesaggio antropizzato antico, e che quindi la sua conoscenza diviene imprescindibile per ricostruire un'immagine il più veritiera possibile del territorio e dell'ambiente.

Per la porzione della catena alpina la cui rete stradale s'intende approfondire in questa sede, va immediatamente notato come le tradizioni di studi antiquari, archeologici e topografici siano piuttosto differenti, determinate essenzialmente dal substrato culturale dei centri moderni di riferimento per ciascun settore territoriale.

Nell'area lariana, infatti, la scuola antichistica, che ha come indiretto capostipite Andrea Alciati, già nei primi anni del XX secolo produceva una ricerca di topografia antica legata al Passo Spluga[1], per poi proseguire senza soluzione di continuità negli anni, fino al filone di studi più recente sulla via Regina[2]. In Val d'Ossola, dopo alcuni studi antiquari del XVII e XIX secolo, la ricerca archeologica e topografica in particolare ha avuto nuovo impulso solo a partire dagli anni '70 del secolo scorso, ed è ancora carente di un lavoro complessivo sulla viabilità alpina[3]; per il Varesotto e il Canton Ticino, infine, si sono registrati pochi interventi legati al tema della percorribilità antica, che le profonde modificazioni del territorio non contribuiscono a chiarificare.

Attraverso questo studio, quindi, si è inteso (e forse preteso) indagare la viabilità di un intero settore alpino, con caratteristiche morfologiche generali piuttosto omogenee, confrontandone i risultati e individuando peculiarità e analogie tra le diverse soluzioni riconosciute.

In realtà, lo studio della vibilità antica nelle Alpi Centrali (Lepontine e Retiche) in età romana rischia di rappresentare un campo del tutto particolare e per certi versi fin anche marginale alla ricostruzione storica dell'antichità, se non si ha l'accortezza di inserirlo in un'ottica più ampia, che tenga conto delle circostanze storiche e dei rapporti culturali, economici e materiali intercorsi tra regioni cisalpine e mondo germanico-gallico.

In questo modo, la prima e principale attenzione dev'essere la consapevolezza che l' "oggetto-strada" assolve il suo compito specifico nel "porre in collegamento", nel "creare e facilitare rapporti", nel "connettere economie, culture, idee". La strada esiste in quanto l'uomo si sposta, esporta oggetti insieme a idee e modelli culturali, importa materie prime e prodotti locali, ma anche stimoli e suggerimenti per il suo progresso.

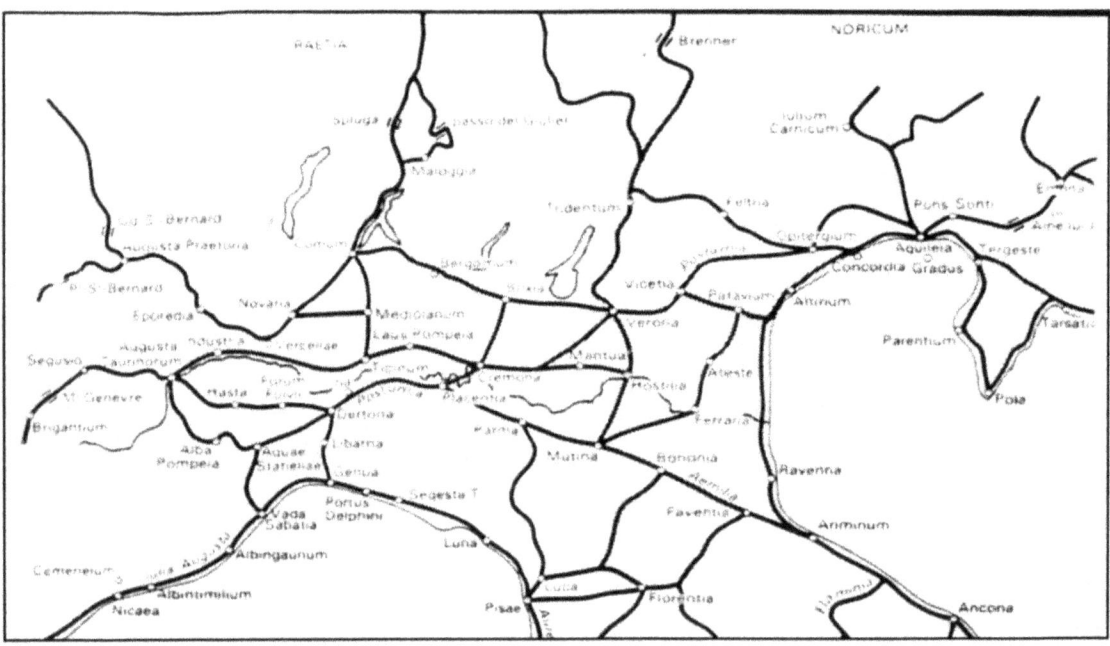

Fig. 1. Carta generale della viabilità romana in Italia Settentrionale.

Una ricostruzione storica dell'utilizzo dei collegamenti attraverso le Alpi, e un riconoscimento sul terreno delle infrastrutture specifiche del percorso (direttrice dell'itinerario, manufatto stradale proprio, strutture funzionali alla strada o ai viaggiatori), non può quindi esulare dalla conoscenza e dalla coscienza della temperie storica, delle relazioni culturali, dei traguardi tecnici e tecnologici raggiunti, degli interessi economici e politici.

A questo scopo, il metodo più appropriato in una ricerca storico-archeologica di tal fatta deve essere quello interdisciplinare; che si attinga, cioè, a molteplici categorie di fonti storiche, dalla letteratura antica ai dati archeologici, dall'epigrafia alla toponomastica, e, non prima di un'attenta verifica di ciascuna di esse, le si faccia dialogare. Solo in questa visione "a trecentosessanta gradi" la ricostruzione del paesaggio e, all'interno di esso, delle infrastrutture viabilistiche, può trovare solidi punti d'appoggio e credibilità storica[4].

In tale filone metodologico, come già accennato, tenta di muoversi questo studio, interpretando la viabilità antica tra versante transpadano e transalpino delle Alpi Centrali in un'ottica tentativamente più ampia, collegata al suo ambiente e al suo specifico popolamento.

Si sono utilizzate tutte le categorie di fonti storiche a disposizione per supportare ciascuna ipotesi ricostruttiva dei tracciati, il cui riconoscimento sul terreno non sempre è semplice, e ancor meno ne è collocabile cronologicamente con puntualità l'utilizzo.

L'intenzione di questo lavoro, però, è principalmente quella di porre a confronto le differenti soluzioni identificate, e di indagarne motivazioni e cause; si vuole evidenziare un quadro generale, un sistema di sfruttamento e di utilizzo del terreno ai fini viabilistici, che possa fungere in altri casi analoghi da modello interpretativo di partenza, per una verifica poi dei singoli casi specifici.

---

[1] GIUSSANI 1930.

[2] Come *summa* dei numerosi studi precedenti si veda *Via Regina* 1995.

[3] Un unico contributo specifico, alquanto recente, in CONSALVI 1999. Non ha avuto edizione, invece, l'interessante mostra "*In Summo Plano*" (Ornavasso-Domodossola 2001), che per la prima

volta affrontava in modo sistematico la percorrenza antica del Passo del Sempione.

[4] Si veda a tal proposito UGGERI 1994, p. 91: "*Solo attraverso una metodologia rigorosa le informazioni ricavabili dalle fonti più disparate (...) possono venir ricomposte in un quadro organico e abbastanza intelligibile, almeno per quegli itinerari di maggiore interesse o più lunga durata, sui quali si è venuto accumulando e stratificando nei secoli un maggior numero di testimonianze indiziarie*".

I Romani e le Alpi: un quadro storico

Lungi dal voler partecipare al dibattito scientifico sempre in atto tra gli specialisti, sembra importante innanzitutto ricordare brevemente i momenti salienti della presenza romana in Transpadana, con particolare attenzione al territorio della Lombardia occidentale e del Piemonte nord-orientale, dall'affacciarsi sul Po delle prime legioni in età mediorepubblicana, fino al pieno inserimento dei territori nella *Res Publica*. Sarà così possibile cogliere pienamente quale substrato culturale sia sotteso alla formazione e all'utilizzo della rete viaria di valico in età imperiale e successiva, e quali condizioni e fattori ne abbiano reso possibile lo sviluppo e la conservazione.

In realtà i tempi e i modi della romanizzazione delle regioni alpine e dell'intervento romano nei confronti delle popolazioni celtiche ivi stanziate sono stati in passato e continuano ad essere oggetto di studio e approfondimento da parte di storici ed archeologi[5]. L'apporto continuo di nuovi dati soprattutto di natura materiale, dovuti all'attività di tutela e di ricerca archeologica sul territorio, avvicinano sempre più alla comprensione corretta delle dinamiche verificatesi in quel delicato processo culturale e storico, e permettono di ricostruire fin negli aspetti più ordinari abitudini e modi di vita quotidiani degli abitatori della montagna prima e dopo l'incontro con la cultura latina.

Il II e I secolo a.C.

Dopo la decisiva vittoria a *Clastidium* del 222 a.C. contro le *gentes* celtiche della pianura padana, i Romani s'affacciarono in maniera definitiva sulla pianura del Po; primo intervento tangibile sul territorio fu la deduzione a *Cremona* e *Placentia* di due colonie latine, ciascuna forte di 6000 unità familiari, con la malcelata intenzione di funzionare da punti di controllo e al contempo di penetrazione verso i territori celtici.

La calata di Annibale in Italia e le successive vicende belliche rallentarono però l'allargamento della *Res publica* romana alla Cisalpina.

Fig. 2. *Carruca dormitoria* su un rilievo dalla chiesa di Maria-Saal (Klagenfurt-Austria)

Nell'impresa annibalica, anzi, alcune tribù di Galli risultano prestare aiuto al condottiero cartaginese e combattere al suo fianco, almeno negli scontri sul Ticino e sul Trebbia: Livio ricorda che in quella battaglia solo i Cenomani combatterono a fianco dei Romani[6].

Di conseguenza, dopo la vittoria di Zama Roma si preoccupò di concludere quanto già intrapreso sullo scorcio del III secolo a.C., per assicurarsi le spalle in caso di nuovi attacchi da nord; ripresero le campagne militari, in particolare con la tribù degli *Insubres*, vinti nel 196 a.C. nei pressi di *Comum Oppidum*[7] e due anni più tardi a *Mediolanum*.

Dopo la loro sconfitta i rapporti tra Romani e Galli vennero gestiti dai *potentiores* romani secondo linee di condotta ben differenti a seconda delle circostanze e delle aree interessate. In Cispadana si operò con una repentina azione militare contro Boi e Senoni, sconfitti e deportati: i loro territori, incamerati alla *Res publica*, conobbero espropri e occupazioni, stanziamenti coloniali e distribuzioni viritane delle campagne e, con la costruzione dell'asse stradale della via Emilia, una precoce e forzata romanizzazione[8].

In Transpadana, invece, le tribù celtiche (Insubri, Cenomani, Veneti) stipularono coi Romani *foedera aequa*, per i quali mantennero la sovranità sui loro territori, pur permettendo ai cittadini romani, mercanti e militari su tutti, di muoversi liberamente, commerciare e stanziarsi entro i confini. Anche se non si conoscono a fondo i termini di tali trattati, s'immagina che le tribù indigene fossero tenute a pagare un tributo e che vedessero limitata la propria azione in politica estera, ma che mantenessero inalterate le loro strutture sociali e territoriali[9].

Mentre l'intervento romano fu più incisivo presso i fedeli alleati Cenomani e Veneti[10], il territorio degli Insubri non venne toccato, e rimase fuori da qualsiasi intervento infrastrutturale da parte dei vincitori. Dal punto di vista viabilistico, ad esempio, la costruzione del grande asse mediopadano della Postumia da Genova fino ad

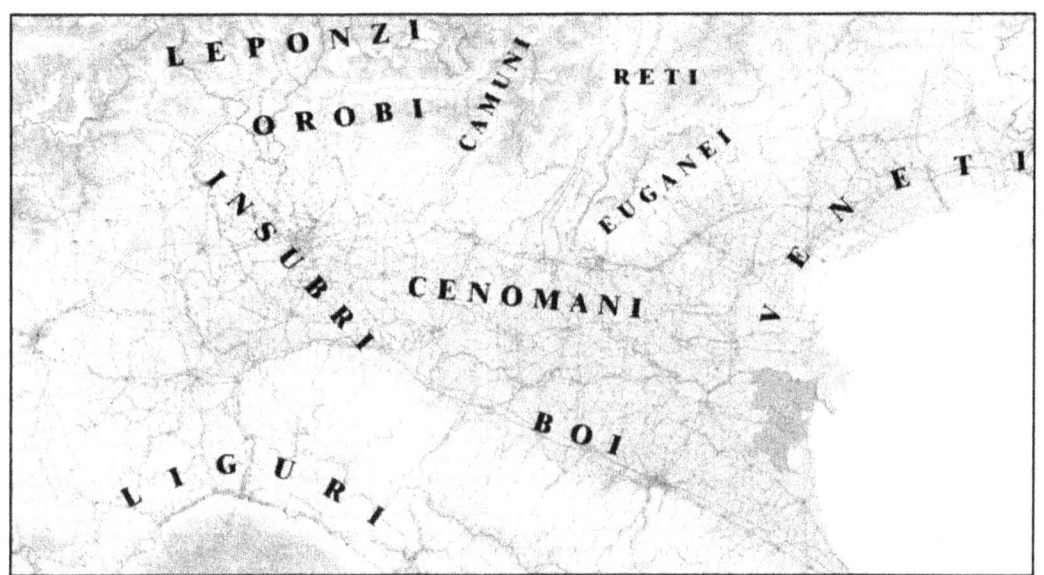

Fig. 3. Distribuzione degli *ethnoi* preromani tra Alpi e pianura padana.

Aquileia si mantenne ben al di fuori dei confini insubri, interessando invece gli areali occupati da Cenomani e Veneti[11]. Ugualmente significativa, in quest'ottica, è la fondazione di Aquileia in territorio venetico, come testa di ponte ad oriente della cultura romana e piazzaforte per il contenimento delle attenzioni degli *Histri* sulla pianura.

La romanizzazione è dunque in Cisalpina un lento fenomeno di acculturazione, i cui protagonisti sono, innanzitutto, da una parte mercanti e commercianti, dall'altra le *élites* locali, che usano dei costumi romani e dei prodotti d'importazione per sottolineare la loro preminenza all'interno del gruppo sociale indigeno[12]; non è da sottovalutare, inoltre, l'importanza dell'esercito come veicolo di nuove idee e di nuovi valori culturali, soprattutto dal momento in cui gli alleati Galli vengono arruolati in qualità di ausiliari nelle truppe romane[13].

I Romani, nella prima fase, si preoccupano dunque solo di controllare le grandi vie di penetrazione verso il Danubio, con la fondazione di Aquileia nel

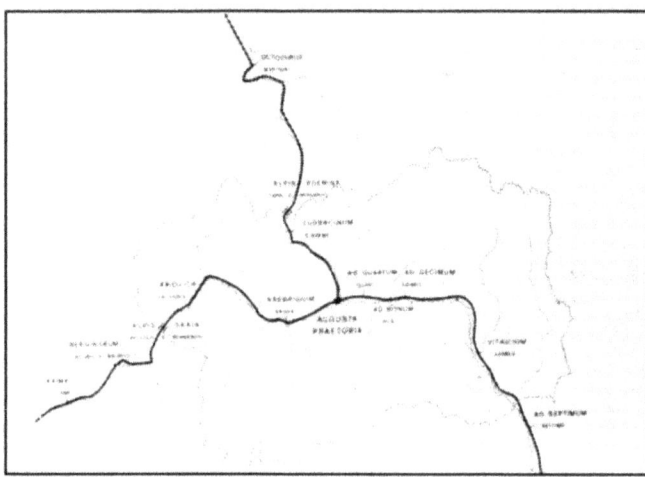

Fig. 4. Percorso della Via per le Gallie attraverso il Piccolo e il Gran San Bernardo.

181 a.C., e verso il Rodano-Reno per i valichi alpini occidentali, con la fondazione di *Eporedia* nel 100 a.C.[14]. La funzione di quest'ultima, in verità, oltre che in chiave viabilistica va letta anche nell'ottica di controllare lo sfruttamento dei ricchi giacimenti auriferi sottratti ai Salassi nel ventennio precedente e identificati da tempo nell'area della Bessa[15].

Per il resto il territorio non conobbe interventi diretti dell'autorità statale; l'organizzazione economica agro-silvo-pastorale, basata sulle unità territoriali pagensi, si mantenne inalterata, e, seppur nell'esagerazione storiografica, ancora tale la ricorda Polibio. Unico punto di contatto diretto tra mondo latino e celtico romanizzato la colonia latina di Cremona, *propugnaculum adversus Gallos trans Padum agentis*[16], che costituiva il terminale dal quale s'irradiavano prodotti di tradizione italica per il mercato locale[17].

Non è chiaro, invece, quando la Cisalpina fu organizzata in provincia. Gli storiografi hanno sostenuto ipotesi differenti, che legano la costituzione amministrativa del territorio transpadano ad avvenimenti storici particolarmente significativi; l'ipotesi più circostanziata inquadra il procedimento legislativo tra 143 e 95 a.C., tra la spedizione di Appio Claudio Pulcro contro i Salassi e il consolato di L. Licinio Crasso, che ebbe la Cisalpina come provincia consolare[18].

Un mutamento significativo per la realtà amministrativa e giuridica delle regioni pedemontane della Cisalpina fu di certo la concessione dello *ius Latii* alle *civitates* celtiche *ex lege Pompeia*[19] nell'89 a.C., con cui venivano innalzate al diritto latino: si ponevano le basi per la creazione nei principali centri indigeni di colonie latine fittizie e, di conseguenza, per l'accelerazione del processo di romanizzazione degli stessi[20]. Le nuove colonie, ad ogni buon conto, non conobbero deduzioni di nuovi nuclei familiari di *cives* romani, ma mantennero l'organizzazione demica precedente.

In seguito, con la concessione della piena

Fig. 5. Tesoro di Arcisate (prima metà del I sec. a. C.)

cittadinanza nel 49 a.C., *ex lege Iulia*[21], si giunse anche alla soppressione del regime provinciale[22], fino alla costituzione della *regio XI Transpadana* quando Augusto riorganizzerà amministrativamente l'impero. I *municipia* si doteranno allora delle infrastrutture proprie dell'*urbs* e degli spazi amministrativi ed economici legati all'allargamento dei traffici e alla massiccia introduzione di gruppi etnici allogeni[23]; le campagne conosceranno i primi casi d'organizzazione agraria secondo il metodo della *centuriatio*[24]; l'economia si andrà organizzando in proprietà rustiche intorno alle *villae*, in insediamenti produttivi e artigianali, sfruttando in maniera "industriale" le risorse naturali del territorio[25].

L'età augustea

Ancora del tutto estranee all'attenzione dell'amministrazione centrale rimangono fino alla fine del secolo le popolazioni che abitano la zona alpina propriamente detta, le *gentes* di Salassi e Leponzi, secondo l'ordine in cui le nomina il *Tropaeum Alpium* citato da Plinio ed eretto a La Turbie intorno al 7-6 a.C.[26].

Solo la necessità di pacificare il territorio, per dare sicurezza al confine settentrionale renano e preparare l'espansione verso il Danubio e l'Elba, indurrà Augusto ad intraprendere una serie di campagne militari per l'assoggettazione e l'integrazione nel sistema romano di quelli che la letteratura contemporanea indicava come briganti e gente rude.

Tra 34 e 25 a.C. una lunga campagna di scontri armati portò al definitivo assoggettamento dei Salassi, nel cui territorio si fondò la *Colonia Augusta Praetoria*, come centro di potere e di controllo, nonché veicolo culturale e d'integrazione socio-economica; nel 16 a.C. si estese ad opera di P. Silio Nerva il controllo sul territorio compreso tra *Comum* e la valle dell'Adige, abitato dalle *gentes* retiche dei *Camunni*, *Trumplini* e *Vennonetes*; l'anno seguente i figli di Augusto Druso e Tiberio aggiunsero all'impero le Alpi Centrali, vincendo Reti, Vindelici e i loro associati. Questa campagna, con ogni probabilità, interessa anche la tribù dei Leponzi, che compaiono tra le *gentes devictae* nel *Tropaeum Alpium*[27]. Dalle fonti coeve si deduce che dovevano occupare un areale compreso tra la Val d'Ossola e il Canton Ticino fino alle sorgenti del Reno[28].

La pacificazione delle popolazioni alpine d'origine celtica si traduce, per i Romani, nella possibilità di traffici senza pericoli, almeno per quanto riguarda la sicurezza rispetto agli uomini. Le incursioni di *latrones*, quando rimangono, sono episodi isolati, legati a gruppi di banditi e non metodo di sussistenza per un'intera *gens*, come avveniva in precedenza.

Fig. 6. La via per le Gallie a Donnaz (AO) in una incisione dell'Aubert.

Il territorio viene riorganizzato da Augusto anche per quanto riguarda l'amministrazione: vengono creati alcuni distretti alpini, organizzati come *Prefecturae*, cui venne posto a capo un *procurator*, che risede nel centro principale dell'area.

Le Alpi centrali, di cui ci si occuperà specificatamente in seguito, vengono più tardi inserite sotto Tiberio o Claudio nella provincia di *Retia* e *Vindelicia*, con capoluogo amministrativo e politico a *Curia Raetorum*. Successivamente la provincia assumerà il nome di *Retia Prima*, per distinguerla dai territori dell'alto Danubio.

Il confine con l'Italia augustea doveva correre nei pressi dello spartiacque alpino o, in alcuni casi, coincideva con gli antichi aerali tribali[29].

---

[5] Sulla romanizzazione dell'Insubria si vedano, solo nell'ultimo ventennio, ARDOVINO 1990/91; GRASSI 1990-91; GRASSI 1991, DENTI 1991; GRASSI 1995; BANDELLI 1998; ARDOVINO 1998; ARDOVINO 1999. In generale anche gli Atti del seminario di studi *Insubri e Cenomani 1999*.

[6] Liv. XXI, 55,4. "*Ea sola in fide remanserat Gallica gens*". Ugualmente, erano ostili ai Cartaginesi i Taurini, che avevano tentato di sbarrarne l'ingresso in Italia, e gli Anamari dell'Appennino piacentino. Cfr. CASSOLA 1974, pp. 18-19. L'inserimento di Cenomani e Veneti tra gli *auxilia* risale, comunque, almeno alla campagna del 225 a.C. (*Polyb*. II, 24, 7).

[7] Liv. XXXIII, 36, 9. "*Castra eo die Gallorum expugnata direptaque et Comum oppidum post dies paucos captum; castella inde duodetriginta ad consulem defecerunt*".

[8] Sia Strabone (V, 1, 6) che Plinio (N.H. III, 116) riportano che i Boi emiliani scomparvero del tutto. Sulla sopravvivenza dell'elemento indigeno nella prima età romana si veda BALDACCI 1986. Nei territori espropriati, che venivano ad essere integrati nell'*ager publicus*, tra 189 e 181 a.C. vennero dedotte le colonie latine e romane di *Bononia*, *Mutina*, *Parma* e, più a sud, in territorio senone, *Pisaurum*. Inoltre, al 173 a.C. risale l'assegnazione viritana dell'*ager gallicus* sottratto ai Boi, nel cui ambito è da porre la fondazione del *forum* di *Regium Lepidi*. Cfr. MALNATI 1988.

[9] Cicerone (Pro Bal. 14, 32) asserisce che Roma non si arrogava il diritto di concedere la cittadinanza a singoli o a gruppi di Galli Transpadani. Questa condizione paritaria tra vincitori e vinti conferma la stipulazione di *foedera aequa* tra Romani e *gentes* celtiche. Cfr. LURASCHI 1997, pp. 264-265.

[10] *Polyb*. II, 23, 2. Tra gli alleati di Roma nella guerra contro i Galli e i Liguri negli anni 225-222 a.C. risultano anche Cenomani e Veneti, insieme ai Sarsinati. Le due *gentes* rimangono pressochè sempre fedeli all'alleanza con Roma, salvo casi episodici, così da risultare gli interlocutori privilegiati durante il processo di romanizzazione della Cisalpina. Cfr. BANDELLI 1998, p. 148.

[11] Se gli *Insubres* avevavano stipulato con i loro vincitori un *foedus aequum*, esso vietava certamente installazioni militari da parte dei Romani, ma anche la possibilità di espropri e la creazione di *ager publicus*. Di conseguenza non era giuridicamente possibile che venissero costruite strade per diretto intervento statale, in quanto per il loro tracciato ci si serviva di norma dell'*ager publicus* (*Ulp*., Dig. XLIII, 8, 2, 21). Lo stesso patto stretto con i Galli, dunque, impediva a Roma di intervenire sul territorio con proprie infrastrutture; né, probabilmente, in questa fase la *Res Publica* ne aveva interesse. Cfr. CASSOLA 1991, p. 25.

[12] Un caso emblematico in area insubre è il tesoro rinvenuto ad Arcisate, alcuni chilometri a nord-est di Varese. Si tratta di un ricco corredo di argenteria, prodotto in ambiente romano e acquistato (o donato ?) da un membro della classe nobile indigena come *status-symbol*. Cfr. PIANA AGOSTINETTI – PRIULI 1985; PIANA AGOSINETTI 1999.

[13] Cosi il Gabba (GABBA 1984, p. 36): "*I soldati che tornavano a casa in Insubria avranno portato non solo denaro, bottino, oggetti, ma avranno portato anche idee, modi di vita…*".

[14] Polibio (in *Strab*. IV, 6, 12, 209C) ricorda solo quattro passi alpini: uno in territorio dei Liguri, il Monginevro per le provenienze dalla valle del Rodano, il Piccolo e Gran S. Bernardo per le vie dalla valle del Reno e il Brennero, in territorio dei Reti. Strabone, a commento, asserisce che, dopo la pacificazione augustea delle popolazioni alpine, i valichi utilizzabili sono molto più numerosi. Per il Gran S. Bernardo si veda PLANTA 1979b.

[15] Cfr. ZACCARIA 1991, p. 56. Sulla Bessa CALLERI 1984; DOMERGUE 1998.

[16] *Tac*., Hist. III, 34, 1. "*Condita erat Ti. Sempronio P. Cornelio consulibus, ingruente in Italiam Annibale, propugnaculum adversus Gallos trans Padum agentis et si qua alia vis per Alpis rueret*".

[17] In età repubblicana Cremona emerge come centro di produzione e di smercio di ceramica a vernice nera e di lucerne. Nella fornace di produzione ceramica individuata in via Platina, ad esempio, la ceramica a vernice nera risulta la classe di materiale di più antica produzione, secondo forme di ampia diffusione, inquadrabili intorno alla metà del I secolo a.C. Ugualmente, gli studi complessivi sui reperti in vernice nera degli scavi urbani individuano una prima fase in cui s'importano gli utensili da officine volterrane e aretine, per poi passare in breve tempo a produzioni locali. Si può pensare che i primi prodotti soddisfacessero una richiesta dei gruppi coloniali romani, i secondi si aprissero all'esportazione nelle piccole comunità indigene del territorio. Si vedano a tal proposito BREDA 1996; GALLI 1996. Sulla diffusione in territorio insubre e leponzio della ceramica a

vernice nera di tradizione padana si veda anche il recente GRASSI 2001.

[18] L'argomento è ampiamente dibattuto in CASSOLA 1991, pp. 30-40.

[19] L'attribuzione della legge a Pompeo Strabone non è certa; forse egli ne fu solo l'esecutore. Sull'argomento si vedano LURASCHI 1979, p. 144 ss.; LURASCHI 1993, p. 32 nota 39.

[20] Sullo *Ius Latii* LURASCHI 1979. La concessione dei diritti latini pare giustificata più dalla necessità di assicurarsi l'aiuto e la fedeltà della Cisalpina durante la rivolta italica degli anni 90-88 a.C. che da una chiara volontà politica. Sulla trasformazione dei centri indigeni in colonie latine fittizie LURASCHI 1986; LURASCHI 1993, pp. 32-33. La situazione è ben descritta da Asconio (in Pis. 3 C): "...*Cn. Pompeius Strabo, pater Cn. Pompei Magni, Transpadanas colonias deduxerit. Pompeius enim non novis colonis ea constituit, sed veteribus incolis manentibus ius dedit Latii ut possent habere ius quod ceterae latinae coloniae...*"

[21] *Cass. Dio.* XLI, 36, 3; *Cic.*, Phil. 142, 10; *Tac.*, Ann. XI, 24. Non è certa la denominazione della legge, ma certamente ne fu ispiratore Giulio Cesare, che negli anni precedenti aveva posto in Cisalpina le basi per il proprio consenso presso i gruppi clientelari indigeni. Cfr. LURASCHI 1979, p. 156 ss.; BANDELLI 1990 p. 260 ss.

[22] *App.*, Bell. Civ. V, 12.

[23] Famosa, a questo proposito, è la deduzione da parte di Giulio Cesare nella colonia di *Novum Comum* di cinquecento coloni greci. Cfr. *Strab.* V, 1, 6, 213.

[24] Gli studiosi di topografia antica hanno da tempo riconosciuto per molti *municipia* e colonie transpadani l'esistenza di una maglia di divisione agraria, spesso tuttora persistente, organizzata secondo i canoni della *limitatio* romana. In realtà, per la Lombardia occidentale e il Piemonte orientale, ritengo sia comunemente da accettarsi solo la ricostruzione effettuata da Plinio Fraccaro e poi da Pierluigi Tozzi per *Ticinum*; verosimile, probabilmente, anche la centuriazione ricostruita per *Novaria*. Del tutto improbabili sono le divisioni agrarie riconosciute nel Comasco e intorno a *Mediolanum*, per le quali il problema andrebbe impostato in maniera del tutto differente, tenendo conto della *natura loci*, dell'idrografia antica e di considerazioni storiche e archeologiche. Si vedano a tal proposito le convincenti argomentazioni in ANTICO GALLINA 1993.

[25] Un quadro generale in LAVIZZARI PEDRAZZINI 2000.

[26] *Plin.*, N.H. III, 136-138.

[27] Per il processo d'acculturazione dei Leponzi si vedano i numerosi contributi in *Leponti tra mito e realtà*. Si veda anche SPAGNOLO GARZOLI 2001.

[28] VEDALDI IASBEZ 2000, pp. 251-252.

[29] L'Ariatta (ARIATTA 1990; ARIATTA 1993), limitatamente al settore comasco e ticinese, ricostruisce una linea di confine che corre lungo lo spartiacque tra bacino idrografico del Po (Adda-Ticino) e dell'Inn-Danubio a est, del Reno al centro e del Rodano ad ovest. In alcuni casi vengono inseriti entro i confini provinciali territori geograficamente non pertinenti, perché appartenenti a *gentes* diverse. Il territorio leponzio, in realtà dovette essere l'unico a trovarsi diviso tra *Retia* e Italia, probabilmente sfruttando un processo già in atto di scissione del gruppo etnico in più tribù.

La percezione delle Alpi presso i Romani

Un secondo aspetto di cui tener debitamente conto per una corretta ricostruzione del territorio antico e delle sue infrastrutture è l'approccio culturale, immaginifico e reale, che l'ambiente naturale alpino dovette suscitare al loro arrivo nei nuovi gruppi romani, la cui risonanza è chiaramente avvertibile nelle fonti letterarie latine della prima età imperiale[30].

La conoscenza e la comprensione dello spazio geografico presso gli antichi rimase infatti a lungo parziale e limitata. Legati a schemi percettivi determinati dal carattere stesso dell'ideologia urbanocentrica, propria di tutto il mondo romano, essi riconoscevano di fatto solo il territorio funzionale alle strutture urbane[31]: l'*ager* di una colonia, di un *municipium*, aveva per certo dei confini fissati, come documentano i pochi frammenti catastali rimasti che riportano i *limites* del territorio; ma nella mente dei cittadini esso si riduceva all'area direttamente dipendente dal centro urbano, alla campagna coltivata o coltivabile.

La città rimase insomma il riferimento centrale della visione territoriale, almeno fino alla tarda antichità, e l'*oikoumene*, il mondo abitato e abitabile, coincideva con lo spazio in cui la natura si piegava alla capacità tecnica e allo sfruttamento umano dell'ambiente[32].

Attiravano l'attenzione di geografi e tecnici, dunque, le caratteristiche morfologiche del territorio che più potevano influenzare la vita socio-economica di un'area: quelle che riguardavano la possibilità di trasporto, quindi la viabilità in senso lato, terrestre e fluviale; che potevano servire alla strategia militare; che determinavano la natura o le caratteristiche urbane di un centro abitato.

Oppure si enfatizzavano in chiave letteraria gli elementi fuori dalla norma, gli *adynata*, in quanto curiosità.

Adynaton era il "luogo impossibile", dove non poteva attuarsi la capacità di pianificazione del governo centrale; era lo spazio marginale, dove si svolgevano attività economiche poco controllabili, come la caccia e la pesca; era il terreno infido, della montagna, del bosco e della palude, dove il *civis* romano non poteva coltivare la terra e dove era impossibile la vita civile. Secondo la teoria dell'*oikeiosis*, per cui era abitabile solo il territorio che rispondeva a determinati criteri socio-economici, l'interesse per le aree marginali era giustificato solo da una curiosità etnografica[33].

Il medesimo atteggiamento si riscontra nella percezione che gli antichi ebbero della catena alpina, secondo un modello che si modificò nel tempo, contemporaneamente alla progressiva esplorazione e conoscenza dell'ambiente naturale, ma che sostanzialmente faticò sempre a considerare la montagna come luogo per la vita civile. Tutt'al più i rilievi compaiono come elementi di un paesaggio, di uno sfondo suggestivo, cornice alla storia umana, senza però entrarvi mai in contatto diretto o considerarle elemento geografico e ambientale autonomo[34].

Finchè le Alpi restarono estranee al quotidiano

Fig. 7. Rappresentazione di un territorio centuriato. Miniatura dal Manoscritto Palatinus 1564.

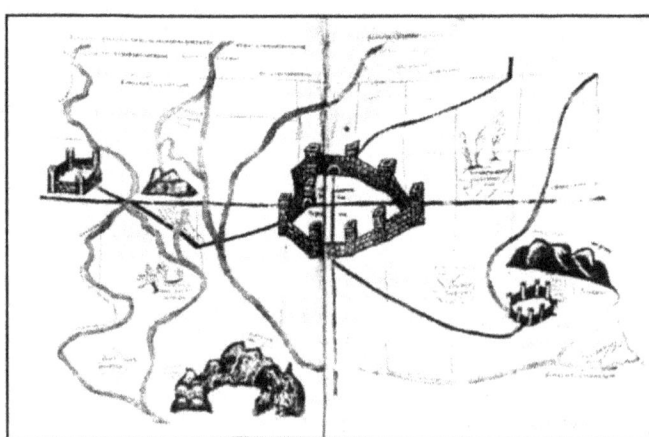

romano, furono costantemente considerate un territorio infido, abitato da popolazioni rozze, dedite al brigantaggio[35], la cui unica ricchezza consisteva nelle risorse naturali di cui la regione abbondava ma che non sempre erano sfruttabili con facilità.

Tale schema percettivo, già teorizzato da Ippocrate sul finire del V secolo a.C. in ambiente greco sulla base della lezione erodotea[36], si definisce "determinismo geo-climatico", o "ambientale", e risponde a due leggi generali: l'analogia macrocosmo-microcosmo, per la quale l'essere umano corrisponde all'ambiente in cui vive, e la legge della similarità: simile produce simile[37]. Per dirla con Cicerone, "i costumi sono determinati da tutto ciò che la natura procura per le abitudini di vita"[38]. La rozzezza dei montanari, allora, si legava come conseguenza necessaria all'ambiente malagevole e indomabile della montagna, che non poteva che riflettersi su chi l'abitava comunicandogli la propria natura.

Proprio quest'ultima, però, colpiva e sbalordiva l'immaginario degli scrittori romani, non soliti a simili spettacoli, innanzitutto per la dimensione inusuale delle Alpi[39].

Ne è indice l'aggettivazione utilizzata da scrittori e

Solo in pochi casi si tenta di stabilirne in termini geografici la posizione e la lunghezza; sia Strabone che Plinio il Vecchio pongono l'inizio della catena nei pressi di *Vada Sabbatia* e le descrivono come un arco a protezione della pianura del Po, fino a Pola. La lunghezza totale è stabilita da Plinio in circa 1000 miglia[45].

Ugualmente gli scrittori di età imperiale mostrano stupore per l'ostilità dell'ambiente naturale, con i suoi venti costanti, i frequenti terremoti, l'instabilità del clima, dimostrando di fatto una più approfondita, e forse diretta, conoscenza di ciò di cui parlano. Livio attribuisce alla montagna *infames frigores*[46], Lucano le definisce *gelidas*[47] e *nubiferas*[48], Ovidio *ventosas*[49], per Silio Italico "tutti i venti e le tempeste vi hanno stabilito i loro regni furiosi"[50].

Col tempo, quello dell'altezza e dell'inaccessibilità delle Alpi diviene però poco più di un *topos* letterario, dato che si tratta ormai di aree perfettamente inserite nella *pax romana*, dove il processo di romanizzazione si è pienamente concluso, dove l'economia si è lentamente legata al più ampio contesto internazionale dell'impero e dove i traffici possono quotidianamente svolgersi secondo linee sicure e usufruendo di infrastrutture

Fig. 8. Colonna di Igel (Treviri). Rilievo con scena di valico.

poeti latini per tutta l'età repubblicana e i primi decenni del I secolo d.C. quando descrivono l'ambiente montano. Catullo definisce le Alpi *altas*[40], *aerias* Virgilio[41], Ovidio[42], Lucano[43], *minantia caelo* Silio Italico[44], per sottolinearne l'eccezionale altezza.

di servizio più o meno comode e ben strutturate.

Si avverte con crescente insistenza, invece, la funzione di frontiera e di difesa naturale della catena alpina per la penisola italiana; gli strateghi dell'esercito, infatti, avevano individuato fin dalla conquista come il semplice controllo dei valichi con un sistema di *claustra* fortificati avrebbe consentito una facile difesa delle regioni peninsulari. Il metodo prevedeva tanto un controllo interno, posto allo sbocco delle vie di valico in territorio italiano, quanto un analogo sul versante settentrionale, così da consentire un più rapido allertamento e una più efficace organizzazione difensiva. Già Catone[51] sottolineava il compito di *murus* della catena montuosa per le fertili pianure intorno al Po, ma l'immagine si affermò nella tarda età repubblicana e con l'età augustea, quando è largamente utilizzata da Cicerone[52], Livio[53], Plinio[54].

E l'immagine si rafforza tanto più quanto i *claustra* alpini si trovano effettivamente a svolgere la funzione loro attribuita.

Con le prime incursioni dei barbari della metà del III secolo d.C. si assiste anche a livello letterario ad una più forte sottolineatura delle Alpi come *munimen Italiae*. Sono soprattutto gli storici[55] del IV secolo ad enfatizzare il ruolo militare dei valichi, ma la definizione ritorna anche nella trattatistica cristiana[56] e tra i grammatici[57].

Terzo aspetto di cui i Romani sono ben consci è la necessità di utilizzare la catena alpina in chiave viabilistica, valicandola seguendo vie naturali di una qualche difficoltà ma ben segnalate, soprattutto dopo che la sconfitta delle tribù galliche alpine aveva posto fine al fenomeno del brigantaggio e alla riscossione di pesanti dazi[58].

Dalla media età repubblicana, e poi ancor più con l'annalistica di età tardorepubblicana e augustea, si attribuisce ad Annibale l'apertura di nuove vie di transito transalpino[59], in un settore fino ad allora poco conosciuto ai Romani e la cui frequentazione si rimandava in chiave mitica alle imprese di Eracle.

La calata del cartaginese, di fatto, dovette costituire per i Romani la presa di coscienza della possibilità concreta di sfruttare le vie naturali vallive per penetrare nella pianura del Po, fino ad allora in comunicazione con le regioni transalpine solo tramite la via litoranea tirrenica.

In realtà sembra necessario pensare già per gli ultimi due secoli della Repubblica a situazioni distinte: da una parte le grandi vie di valico transnazionali, controllate dall'autorità centrale,

Fig. 10. Il Julierpass in una cartolina dei primi del Novecento. Ben visibili a destra i due tronchi di colonna del tempio indagato negli anni '30 del XX secolo.

lungo le quali si svolgeva la politica coloniale romana, le uniche prese in considerazione dalle fonti letterarie; dall'altra una molteplicità di percorsi locali, alcuni attrezzati per il passaggio di veicoli, altri solo pedonali o per carovane di animali da soma, attraverso i quali si svolgevano i piccoli traffici tra le comunità degli opposti pendii.

Ancora Polibio, nel II secolo a.C., riporta solo i valichi principali per l'Oltralpe, ubicandoli nei territori dei Liguri (via litoranea), dei Taurinii (Monginevro), dei Salassi (Grande e Piccolo San Bernardo) e dei Reti (Passo del Resia o Brennero)[60]. Già Strabone, però, sottolinea come la pacificazione armata delle regioni alpine ad opera di Ottaviano avesse consentito il moltiplicarsi degli assi di penetrazione alpina, e come nel I secolo d.C. si utilizzassero una molteplicità di percorsi[61]. Al di là dell'accenno straboniano, però, rimane la percezione che l'elemento viabilistico abbia interessato gli scrittori latini solo in funzione dello svolgersi della narrazione e dell'ordito storico, e che ogni annotazione riguardante il paesaggio o le infrastrutture di servizio sia sempre correlata ad episodi specifici e, in realtà, non sistematica.

Uno spoglio delle citazioni di valichi alpini nella letteratura latina evidenzia chiaramente come si consideri unicamente la grande viabilità interregionale, che usufruiva di vie consolari o imperiali; d'altro canto erano quest'ultime che servivano gli spostamenti delle truppe, perché meglio attrezzate, più rapide e probabilmente più agevoli. Accanto ad esse anche le direttrici commerciali a portata transnazionale frequentate dai *collegia* di *mercatores* e *negotiatores*.

Da ovest ad est, quindi, sono attestati nelle fonti i principali percorsi di valico della catena alpina, attraversati dal sistema viabilistico ufficiale, ovvero da strade consolari a diretto controllo statale. Ad estremo occidente la via Aurelia per la strada costiera scavalcava le propaggini meridionali della catena alpina; le vie per le Gallie attraverso le *Alpes Cottiae* utilizzavano il Monginevro, denominato variamente *in Alpe Cottia*[62], *Summas Alpes*[63] o *Ad Matronae verticem*[64]; attraverso la via naturale della valle della Dora (Val d'Aosta) si risalivano il Piccolo e Gran San Bernardo (*in Alpe Graia*[65] e *In summo Poennino*[66]); lo Spluga è attestato nella Tabula Peutingeriana tra il Lario e Coira con il nome di *Cunuaureu*[67]. Nelle Alpi centrali Brennero e Resia, alternativamente, vengono sfruttati dalla via Claudia Augusta, ma le fonti ne riportano un generico nome *in Tridentina iuga*; più ad est si ricordano il valico di Monte Croce Carnico, in età tardoantica denominato *Alpe Iulia*[68], e il passo di Hrŭsica con il nome di *Ad Pirum*[69].

Si ribadisce, di fatto, un reale interesse solo per i tracciati più importanti, legati a fatti d'arme o politici; ugualmente la poronimia tramandata si lega a tali percorsi, senza permettere di denominare gli altri numerosi valichi, comunque ben frequentati.

Fig. 9. Passo del Gran San Bernardo. La via per le Gallie presso la mansio *In Summo Poennino*

---

[30] Sull'argomento si veda anche il cap. 3 in BORCA 2002.

[31] TRAINA 1988, pp. 15-29; CHEVALLIER 1988, pp.45-49.

[32] Significativa risulta, in questo senso, l'affermazione di Virgilio nella II Georgica (*Verg.*, Georg. II, 35-38): "Perciò, contadini, imparate il modo migliore per coltivare ciascuna specie, e così mutate natura ai frutti selvatici e non lasciate le terre incolte. E' bello coprire di vite l'Ismaro e rivestire il grande Taburno di ulivi". Ugualmente Cicerone (De Nat. Deor. II, 154) testimonia la certezza, tipicamente romana, della creazione del mondo e della natura da parte degli dei come funzionale alla vita dell'uomo: "*Principio ipse mundus deorum hominumque causa factus est*".

[33] TRAINA 1988, pp. 31-38.

[34] Un esempio tra tanti, il famosissimo incipit oraziano dell'ode IX: "*Vides ut alta stet nive candidum Soracte*" (*Or.*, Od. I, 9, 1-2).

[35] *Strab.* IV, 6, 8, 206 C: "Tutti questi popoli erano soliti fin da tempi immemorabili far scorrerie contro i vicini". Anche Cassio Dione (LIV, 22,2) attribuisce in generale a tutte le popolazioni retiche questa caratteristica; e ancora Appiano (App. XVII) afferma che "i Salassi pretendevano pedaggi da coloro che transitavano".

[36] Già Erodoto, nel IX libro delle Storie, fa rispondere ai Persiani che intendono occupare le città greche per bocca del re Ciro: "Fate così, ma preparatevi a non essere più dominatori, ma sudditi. Infatti i luoghi ameni producono (generano) uomini molli. Poiché dalla stessa terra non nascono frutti eccellenti e uomini adatti al combattimento" (*Erod.*, IX, 122, 3-4). La teorizzazione scientifica del determinismo ambientale è invece espressa da Ipparco; intorno al 430 a.C., nel XXIV capitolo del breve trattato *Sulle acque, arie, luoghi*, il medico greco propone una suddivisione dell'ambiente in quattro tipologie, cui fa corrispondere necessariamente quattro tipi umani. Per prima si analizza proprio la montagna, di cui è detto: "Gli abitanti di una regione montuosa, aspra, elevata e ricca d'acqua, dove le differenze tra le stagioni sono molto accentuate, sono di grande statura, per natura coraggiosi e resistenti alla fatica, e hanno una buona dose di selvatichezza (*agrion*) e di ferocia". Cfr. GRENSEMANN 1979; JOUANNA 1996.

[37] Si veda a questo proposito BORCA 2002, cap. 1, pp. 23-24 e 58-64.

[38] *Cic.*, De Lege Agr. II, 95 : "*Non ingenerantur hominibus mores tam a stirpe generis ac seminis quam ex eis rebus quae ab ipsa natura nobis ad vitae consuetudinem suppeditantur*".

[39] Già Polibio (II, 14) tratta della grandezza e altezza delle Alpi, paragonandole alle più alte montagne della Grecia.

[40] *Cat.*, 11, 9: "*sive trans altas gradietur Alpes*".

[41] *Verg.*, Geor. III, 474.

[42] *Ov.*, Metam. II, 226: "*Caucasus ardet Ossaque cum Pindo maiorque ambobus Olympus aeriaeque Alpes et nubifer Appenninus*".

[43] *Lucan.*, Ph. I, 688-689: "*aeriam Pyrenen*".

[44] *Sil.*, IV, 2 : "*Fama per Ausoniae turbatas spargitur urbes / nubiferos montes et saxa minantia caelo / accepisse iugum*".

[45] *Plin.*, N.H. III, 23, 124: "*...Alpis in longitudinem X m. p. patere*".

[46] *Liv.* XXI, 31, 9. "*...quam infames frigores Alpes praeparari cogebant*".

[47] *Lucan.*, Ph. I, 183: "*Iam gelidas Caesar cursu superaverat Alpes*"; II, 535: "*Gallica per gelidas rabies effunditur Alpes*".

[48] *Lucan.*, Ph. I, 688: "*Nec desuper Alpis nubiferae colles*"; III, 289: "*Agmine nubiferam rapto super evolat Alpem*".

[49] *Ov.*, Am. II, 16, 19: "*Tum mihi, si premerem ventosas horridus Alpes, dummodo cum domina, molle fuisset iter*".

[50] *Sil.*, III, 491-492: "*Iam cuncti flatus ventique furentia regna Alpina posuere domo.*".

[51] In Servio. *Serv.*, Ad Verg. Aen. X, 13: "*secundum Catonem et Livium muri vice tuebantur Italiam*".

[52] Cicerone utilizza l'immagine a più riprese: *Cic.*, Pis. 81 : "*Alpium vallum*"; *Cic.*, Phil. V, 37: "*Alpium (...) muro cohibere*"; *Cic.*, De Prov. 34: "*Alpibus Italiam munierat antea natura*".

[53] *Liv.* XXI, 35, 9: "*militibus Italiam ostendit subiectosque Alpinis montibus circumpadanos campos, moeniaque eos trascendere non Italiae modo...*". Ugualmente in Servio. Cfr. nota 51.

[54] *Plin.* N.H. XII, 5: "*...inexsuperabile munimentum...*".

[55] *Iord.*, Get., 34: "*Dacia (...) arduis Alpibus emunita*".

[56] *Isid.*, Orig. XIV, 8, 18: "*Alpes (...) id est claustra Italiae*"; *Ambr.*, Exc. Sat. I, 31: "*in Alpium vallo summam nostrae salutis consistere*".

[57] *Flor.*, Epit. I, 38, 62; II, 23, 6: "*claustra Italiae*"; *Serv.*, Ad Verg. Aen. VI, 830: "*a munimentis Alpium; hae enim Italiae murorum exhibent vicem*".

[58] *Ces.*, B.G. III, 1,2. "*Causa mittendi fuit quod iter per Alpes, quo magno cum periculo magnisque cum portoriis mercatores ire consuerant, patefieri volebat*".

[59] *Val. Max.* 3, 7: "*novo transitu Alpim iuga patefacta...*". Descrizione del passaggio delle Alpi da parte di Annibale anche in *Liv.* XXI, 38, 9. Il legame delle Alpi con il mito di Ercole, che le avrebbe attraversate nella sua decima fatica, è in Diodoro Siculo (4, 19).

[60] *Polyb.* in *Strab.* IV 6, 12, 209 C: "Egli (Polibio) nomina solo quattro passi attraverso i monti: quello attraverso il territorio dei Liguri (il più vicino al mar Tirreno), quello dei Taurini che attraversò Annibale, quello in territorio dei Salassi e il quarto nel territorio dei Reti, tutti passi pericolosi".

[61] *Strab.* IV, 6, 6: "E così alcune delle tribù sono state completamente distrutte, mentre le altre sono state del tutto sottomesse; così che i passi del loro territorio, che prima erano pochi e difficili da

transitare, ora sono numerosi e sicuri per quanto riguarda gli uomini e l'accessibilità". Si veda anche TOZZI 1988.

[62] Tab. Peut., III, 3; Itin. Gadit. I; IV.

[63] Itin. Gadit. III.

[64] *Amm. Marc.* XV, 10, 6.

[65] Tab. Peut. III, 3; *Tac.*, Hist. II, 66, 3; Itin. Anton. 344, 346. Ma anche *saltus Graius* (*Corn. Nep.*, De excell. duc. XXIII, 3,4) e *Graiae fores* (*Plin.*, N.H. III, 123).

[66] Tab. Peut. III, 3-4; Itin. Anton. 351. Ma anche *Poeninum iugum* (*Liv.* XXI, 38, 6; *Tac.*, Hist. I, 61, 1) o *Poeninae fores* (*Plin.*, N.H. III, 123).

[67] Tab. Peut., IV, 1.

[68] *Venant. Fort.*, Carm. Praef. 4; *Sulp. Sev.*, Vita S. Martini IV, 651. Il nome di *in alpe iulia* è riportato, però, nella Tabula Peutingeriana, in Strabone e in Paolo Diacono per il passo di Hrušica.

[69] Itin. Hieros. 560.

Le strade di valico in età romana: caretteristiche tecniche

L'edificazione delle infrastrutture viabilistiche per lo sfruttamento dei valichi attraverso le Alpi rappresentò senza dubbio uno dei massimi sforzi dell'ingegneria stradale romana, per la difficoltà della *natura loci*, l'arditezza delle soluzioni necessarie e, non da ultima, l'ingente spesa economica[70].

In linea generale si può affermare che vennero scelti, quando possibile, percorsi a mezza costa, ben esposti per evitare il formarsi e il perdurare dei ghiacci invernali, sfruttando la natura del suolo e la conformazione morfologica dei territori attraversati. I tracciati si tenevano di norma ben al di sopra dei molti corsi fluviali e torrenti che occupavano i fondovalle, evitandone anche le aree di esondazione, particolarmente pericolose in mancanza di opere d'irregimentazione delle acque.

Fig. 11. La via per le Gallie intagliata nel parascisto tra Donnaz e Bard (AO).

Quando invece non era possibile seguire queste norme o si dimostrava poco redditizio il percorso che meglio rispondeva a tali caratteristiche, non si esitava comunque a spostare le infrastrutture stradali su altre direttrici, anche attraverso la costruzione di arditi ponti, sostruzioni, terrazzamenti, che permettessero al manufatto di superare forre, gole, rocce precipiti e raccordarsi con terreni più favorevoli.

Gli interventi tecnici sul terreno possono essere ricondotti a tipologie abbastanza standardizzate, adeguate di volta in volta alla situazione particolare.

a) S*ede stradale totalmente o parzialmente tagliata nella roccia.*

Le tagliate, accuratamente scalpellate per una profondità e una larghezza variabile a seconda della consistenza del profilo roccioso, risultano poste in essere nei settori più difficili, a pendenza maggiore o in prossimità di consistenti depositi rocciosi; lungo la strada del Grande e Piccolo San Bernardo, ad esempio, sono numerosi i tratti che presentano una tale tecnica. Il caso più noto, rappresentato su stampe e immagini di viaggio fin dal XVI secolo, è il tronco stradale visibile tra Donnaz e Bard (Aosta), dove il duro parascisto della montagna è stato magistralmente intagliato, ricavandone una sede stradale di circa 16 piedi (4,76 metri), una colonna miliare con indicazione di XXXVI mp da *Augusta Praetoria* e un passaggio archivoltato nel punto di massima larghezza della parete rocciosa; anche nei pressi del Gran San Bernardo, in località Saint-Rhémy, la strada è intagliata per una profondità di circa un metro, con sede stradale larga 3,66 metri.

In alcune occasioni, quando la pendenza risultava eccessiva e assolutamente non percorribile con carri o dai semplici animali da soma, l'infrastruttura veniva dotata di vere e proprie rampe, con fori laterali per l'aggancio di pali di sostegno. La trazione non continua delle bestie da soma, infatti, faceva sì che i carri rischiassero di scivolare all'indietro sul liscio fondo stradale; i pali, allora, dovevano aiutare nella salita bloccando le ruote e

Fig. 12. Avise (AO). La via per le Gallie è in parte intagliata nella parete rocciosa, in parte appoggiata a potenti sostruzioni in *opus incertum*.

sostenendo i veicoli fino alla successiva trazione.
L'esempio più noto e meglio documentato si è individuato in val Bregaglia, lungo la strada del passo Maloja (Confederazione Elvetica, Canton Grigioni).

b) *Strada su terrazzo o sostruzione*.
In molti casi la sede stradale che correva a mezza costa sfruttava il pendio, appoggiandosi in parte alla parete rocciosa, in parte su terrazzamenti o sostruzioni artificiali spesso di grande monumentalità, la cui funzione si limitava comunque al sostegno della struttura.

Particolarmente significativo per un inquadramento tipologico risulta un tronco di circa 400 metri in località Pierre Taillée ad Avise (Aosta), che presenta larghezza complessiva di 4,5/4,9 metri ed è rinforzato a valle da una sostruzione in opera cementizia poggiante sulla roccia, per un'altezza che varia tra i 5 e gli 11 metri.

In linea generale terrazzamenti e sostruzioni adottano principalmente l'*opus caementicium*, con facciavista in pietre disposte in maniera più accurata rispetto alle parti contro roccia o ai riempimenti interni; in molti casi vengono irrobustiti da strutture di rinforzo, contrafforti, arcate cieche o riseghe, che si adattano nelle dimensioni e nell'andamento alla natura morfologica del terreno.

c) *Ponti-viadotto*.
Oltre al generico utilizzo di ponti ad una o più arcate per scavalcare i corsi d'acqua o per spostare la sede stradale sui versanti opposti delle gole o delle valli alla ricerca delle percorrenze migliori, in molti casi la necessità di mantenere l'isoquota e di non accentuare le pendenze della sede stradale spinsero i tecnici romani ad erigere veri e propri viadotti, di dimensioni monumentali, di norma in opera cementizia con facciaviste in conci regolari di pietra locale. Sul viadotto correva la strada, difesa da robusti parapetti.
E'il caso, ad esempio, del ponte di Pont-Saint Martin (Aosta), ad arcata unica di oltre 30 metri, o di altre strutture similari lungo la via delle Gallie.

d) *Rotaie carraie: pianificazione tecnica o traccia d'uso?* Un problema a sé stante costituiscono le moltissime rotaie visibili lungo le vie alpine, rimaste sulla sede stradale e conservate fino ad oggi. Il dibattito tra topografi antichi e archeologi si è da tempo indirizzato su due filoni interpretativi differenti, legati all'intenzionalità o meno del solco: intervento tecnico per facilitare lo scorrimento delle

Fig. 13. Pont Saint Martin (AO). Ponte della via delle Gallie sul torrente Lys.

ruote dei carri, ovvero risultanza del secolare scorrere delle ruote sulla pietra, che, causa lo sfregamento, generano un tale fenomeno? Stando ai fatti, il solco carraio sulle strade antiche è molto spesso presente, ma non generalizzato; soprattutto, in quasi tutti i casi non si presenta con una continuità regolare, ma compare e scompare senza apparenti motivazioni tecniche. Si è detto che il solco potesse essere intenzionalmente intagliato nella roccia quando ci fossero particolari difficoltà di salita o di discesa[71], ma una tale interpretazione non sembra giustificata da casi reali. Piuttosto, in alcune situazioni si notano intacchi orizzontali, atti a favorire l'aderenza degli zoccoli degli animali e ad impedire lo scivolamento delle ruote.

Tali "briglie" sarebbero in effetti frutto di un intervento tecnico intenzionale, suggerito probabilmente dall'esperienza e dalla consuetudine; non diversamente si è verificato come anche lungo le grandi vie consolari d'età repubblicana siano state attuate simili soluzioni, che creano briglie rialzate rispetto al lastricato stradale trasversali alla direzione della marcia[72].

Il solco carraio, invece, appare di formazione meccanica, ma per così dire "naturale", come anche suggerisce la sua ampiezza: l'oscillazione del carro a trazione animale, appoggiando il peso ora a destra, ora a sinistra, crea un solco via via più largo quanto più frequente è il passaggio.

Resta, invece, da valutare con attenzione la presenza, non generalizzata, di punti d'incrocio per i carri in salita e discesa: in alcuni casi si notano vere e proprie piazzole di sosta per l'attesa del passaggio di chi veniva in senso opposto di marcia; purtroppo non è dato conoscere se esistesse e come funzionasse il sistema di precedenze !

e) *Vie terrenae*.

In prossimità dei valichi e nei tratti posti a maggior altitudine spesso le strade non risultavano carrabili,

Fig. 14. Verona, Arco dei Gavi. Evidenti solchi causati dallo sfregamento delle ruote dei carri.

ma permettevano il transito unicamente con carovane di bestie da soma o di pedoni. In questi casi la via veniva tracciata direttamente al suolo, previo scorticamento del terreno o tramite il riporto di un *sedimen* misto di terra e ghiaia, che evitasse agli animali di scivolare. A titolo esemplificativo si può indicare l'esempio del Piccolo San Bernardo, dove nel 1924 si individuò un piano stradale "coperto da uno strato di terra più o meno alto e battuto, che ricopriva e uguagliava il suolo roccioso"[73].

Quale che fosse la soluzione adottata, appare evidente come l'applicazione dei concetti teorici d'ingegneria normalmente alla base di qualsiasi intervento infrastrutturale da parte dei tecnici romani in molti casi non potè essere attuata nella costruzione delle vie di valico alpino.

Troppo cogente diventa in alcuni passaggi la natura del suolo, la sua conformazione geologica, lo sviluppo della rete idrografica, anche se a carattere torrentizio, perché si potessero applicare in toto i principi della linearità, del percorso più breve, dell'ampia sede stradale.

Si nota come ciò accadde ogni qualvolta fosse permesso; ingegneri e architetti, dunque, abbandonarono il meno possibile le consuetudini già da tempo sperimentate, ad esempio nella viabilità transappenninica. Talvolta, dunque, dovettero piegarsi alla montagna, con soluzioni, comunque, sempre ottimali e ben aderenti alla finalità principale di garantire percorsi sfruttabili e il più possibile sicuri.

---

[70] In generale si veda ADAM 1989, pp. 299-310.
[71] Così, tra gli altri, BONORA MAZZOLI 1992, p. 54 per la via del Settimo; MOLLO MEZZENA 1992, p. 59 nota 12 per la via delle Gallie.
[72] Si veda ad esempio, per la via Appia QUILICI 1999, pp. 69-70.
[73] BAROCELLI 1924, p. 9.

Le strade di valico in età romana: tipologia delle infrastrutture di servizio nelle Alpi Occidentali e Centrali

Accanto alle grandi opere strutturali legate al vero e proprio sviluppo della sede stradale, in prossimità di alcuni valichi o sul loro culmine vennero approntate infrastrutture di servizio e di culto per i *negotiatores*, i *mercatores* e tutti i viandanti che si servivano dei percorsi transalpini. A tali *mansiones* va riconosciuta innanzitutto una funzione di ristoro e possibilità di sosta e pernottamento, ma questi complessi rappresentavano anche un supporto psicologico a chi, terminata la salita, intraprendeva l'altrettanto ardua discesa. Attraversare le Alpi, infatti, dalla romanità fino a tempi a noi prossimi, costituiva un'impresa faticosa, dispendiosa e, in molti casi, perfino rischiosa, sia che si disponesse di un mezzo di trasporto sia che si procedesse a piedi.

Di qui, dunque, il legame spesso ben documentato tra valichi e devozione religiosa, in particolare rivolta a Giove e Mercurio. Strutture cultuali legate alla dedicazione dei *iuga* alpini a divinità olimpiche sono state individuate nel settore delle Alpi Centrali sia sul Gran San Bernardo, sia sullo Julier Pass; la toponomastica medievale sembra suggerire che anche per il Monte Moro (*Mons Martis*) e il Piccolo San Bernardo (*Columna Jovis*) ci si trovi in analoga situazione.

Anche ai piccoli templi alpini, comunque, va attribuita non solo una funzione devozionale, ma essi dovevano prevedere anche la possibilità di un ricovero per uomini e bestie.

Significativo a questo proposito, anche se geograficamente distante, l'episodio narrato da Procopio, di un tale *Presidius* che, viaggiando da Ravenna verso Perugia, trovò riparo per la notte nel tempio di *Fanum Fugitivi*, presso l'attuale Valico della Somma, nell'Appennino umbro[74].

a) *Edifici templari*.

Lungo la catena alpina nel settore occidentale in ben tre casi è attestata archeologicamente la presenza di templi o luoghi di culto in prossimità di vie di valico. Ciò è facilmente spiegabile nella continuità anche in età romana di culti indigeni legati a divinità montane, che incarnavano i timori delle *gentes* alpine per un ambiente in definitiva imprevedibile e quasi sempre inquietante.

I repentini cambiamenti del tempo atmosferico, le nevi, i ghiacci, l'incertezza dell'esito dei viaggi attraverso la catena alpina, la stessa dimensione imponente delle vette dovevano avvolgere di mistero quel mondo già per la popolazione autoctona e, tanto più, per i Romani al loro sopraggiungere. D'altronde il legame tra mito, ovvero trasposizione in chiave umana della manifestazione del divino, e ambiente di montagna è ben evidente già nell'epica omerica e in generale greca. Basti pensare al cavallo di Troia, edificato con legno di pino di montagna, o al legno per la costruzione della nave Argo proveniente dal monte Pelion; o ancora agli incontri, numerosissimi, tra dei e mortali che avvengono nei boschi e sui rilievi, uno fra tutti l'episodio del giudizio di Paride.

In quanto il mito riflette l'esperienza quotidiana, la montagna, con le sue inaccessibilità, la sua intrinseca difficoltà ambientale e la sua *solitudo*, diventa luogo privilegiato d'incontro tra umano e divino[75].

Le fonti toponomastiche ed epigrafiche confermano in molti casi come alla conquista romana si verificò un'assimilazione di tali culti alla *religio licita*, mantenendo spesso la denominazione indigena del dio accanto alla sua nuova veste ufficiale, per così dire olimpica. E' il caso, ad esempio, di *Iuppiter Poeninus* al Gran San Bernardo[76], di *Iuppiter*

Reinimus a Chiavenna, ma anche di Mercurio *Cissonius* in val Bregaglia e di *Tincus Moccus* sulla via del Sempione.

Nel caso del Gran San Bernardo, poi, dove sono a disposizone oltre cinquanta iscrizioni dedicatorie rinvenute durante gli scavi effettuati in passato, la richiesta di protezione durante il viaggio rivolta al dio è ben evidente nella ricorrente formula conclusiva "V(otum) S(olvit) L(ibens) M(erito)", o ancor meglio nella motivazione "*pro itu et reditu*" di altre epigrafi.

Per quanto riguarda la strutture vere e proprie, non è possibile standardizzare gli edifici templari sui passi; mentre al Gran San Bernardo si è evidenziato un tempio ad aula rettangolare di 11,30 x 7,40 metri di lato, sul passo Julier è stato individuato un piccolo sacello quadrato, di cinque metri di lato. Ricorrente, invece, la tecnica costruttiva, con murature in *opus incertum* di pezzame lapideo locale di varie dimensioni, legato con malta idraulica. Molto parco risulta l'utilizzo di laterizi, se non per le coperture, effettuate con le tipiche tegole a risvolto. Al Gran San Bernardo sono attestati anche molti frammenti di fregi architettonici in pietra locale, presumibilmente lavorati in loco da maestranze specializzate.

In altri casi la presenza di luoghi sacri lungo le vie alpine è individuabile solo attraverso la scoperta di stipi votive con dediche a divinità.

Un caso curioso è quello del complesso vascolare individuato sul Monte Genevris, poco a monte della *mansio Ad Martis*, oggi Salice d'Ulzio. Nell'estate 1933 a circa 2000 metri di quota si rinvenne un deposito di circa 470 vasi, comprendenti terra sigillata, vasi a vernice rossa interna, pareti sottili, ceramica comune, 257 dei quali recavano iscrizioni dedicatorie graffite; ricorrono, quali destinatari degli ex-voto, la divinità indigena Albiorix,

Fig. 15. Ricostruzione grafica delle *mansiones* e del tempio sul Passo del Gran San Bernardo.

assimilato a Marte, e Apollo.

Si è quindi ipotizzata l'esistenza di un sacello del culto di Albiorix, divinità celto-ligure legata alle montagne, che in età romana potrebbe aver costituito un tutt'uno con il vicino *fanum* del dio Marte, cui era stata assimilata la divinità indigena.

b) *Mansiones*

Le strutture più propriamente di servizio per i viaggiatori, atte specificatamente alla sosta e al ristoro, sono da riconoscere nelle *mansiones*, che gli itinerari posizionano lungo i percorsi a distanze regolari. Per lo meno lungo gli assi del *cursus publicus*, il riconoscimento di tali edifici è reso più semplice dalla ricorrenza delle distanze miliari, ma in molti casi le tipologie edilizie si vanno a confondere con quelle delle *villae rusticae*, che lungo alcuni tracciati potevano e dovevano funzionare anche da ricoveri per i viaggiatori[77].

In prossimità dei valichi, due strutture riferibili a *mansiones* sono state riconosciute sul Piccolo San Bernardo e lungo la discesa dello Julier Pass, in località Riom.

Nel primo caso, scavi effettuati intorno agli anni Venti del secolo scorso hanno posto in luce due edifici, disposti ai margini della strada per le Gallie[78]; entrambi, pur essendo di dimensioni differenti, presentano un'analoga pianta, con cortile

piccole stanze contigue rispondevano all'esigenza del ricovero per i viaggiatori.

Le murature sono costituite da pietrame misto, legato a malta, e da pochi laterizi; mancano impianti di riscaldamento, che probabilmente si effettuava con singoli focolari. Su base numismatica e per l'associazione dei materiali, l'*hospitium* del Piccolo San Bernardo venne frequentato a partire dalla seconda età repubblicana fino a tutto il III secolo d.C., con ampliamenti e abbandoni di ambienti a seconda del mutare delle condizioni climatiche e di fenomeni di frane e smottamenti che in alcuni casi ne minarono la funzionalità.

A Riom, invece, Jürg Rageth ha identificato a partire dagli anni Settanta del secolo scorso un insediamento con più nuclei abitativi, alcuni dei quali paiono essere stati utilizzati per l'assistenza ai

Fig. 16. Veduta aerea della *mansio* venuta alla luce sul Piccolo San Bernardo.

centrale probabilmente circondato da un portico, e ambienti a pianta rettangolare disposti a raggiera. Salvo una stanza di più grandi dimensioni, che doveva funzionare da cucina e sala da pranzo, le

viaggiatori che dall'Alto Lario si dirigevano a *Curia Raetorum* e verso la *Raetia* interna[79].

L'edificio principale ha struttura rettangolare, con un'area porticata laterale e un grande ambiente

Fig.17. Riom (Confederazione Elvetica, Cantone Grigioni). Le strutture murarie dell'insediamento lungo la via *Comum–Curia Raetorum* per il passo del Giulio.

tramezzato con pareti lignee; nella porzione mediana sono stanze più piccole, alcune anche con impianto di riscaldamento, nel cui crollo si è conservata parte della preziosa decorazione a stucchi del soffitto e degli affreschi sulle pareti.

Anche gli altri edifici, seppur di dimensioni più modeste, presentano stanze con impianto ad ipocausto per il riscaldamento e una ricercata decorazione parietale.

Pur nel silenzio delle fonti letterarie ed itinerarie antiche, il sito sembra essersi sviluppato a partire dall'età augustea proprio in funzione del ricovero e del servizio ai viaggiatori. Strategica risulta soprattutto la posizione, immediatamente a valle dello Julier Pass, così da sfruttare appieno le possibilità di sviluppo legate alla mobilità stradale.

Lo scavo di questo piccolo insediamento, oltre a fornire un esempio esaustivo di struttura di servizio stradale, permette alcune considerazioni di natura economica e commerciale sui modi e i tempi dei rapporti di scambio attraverso le Alpi. Sulla base delle classi ceramiche rinvenute *in situ* e al loro studio quantitativo e qualitativo, si coglie alquanto chiaramente come per il primo secolo d.C. siano attestati rapporti commerciali specialmente con le regioni padane (abbondante presenza di terra sigillata norditalica, di anfore istriane); tra II e III secolo d.C., invece, i materiali d'importazione risultano quasi esclusivamente di provenienza occidentale, est-gallica in particolare (terra sigillata della Gallia renana, ceramica delle Argonne, anfore galliche); con la tarda antichità tornano ad evidenziarsi materiali locali o di provenienza mediterranea: i pochi frammenti di terra sigillata africana possono non costituire un dato probante per l'esistenza di rapporti d'importazione su grande scala, ma l'abbondanza del vasellame in pietra ollare dimostra senza dubbio una contrazione del mercato ad un ambito più locale e ristretto, che trova nelle risorse naturali locali la materia prima e l'ambito produttivo di riferimento.

---

[74] *Procop.*, Goth. II, 2, 8.
[75] Su questo argomento, tra i molti BUXTON 1990.
[76] Fin dal 1760 si rinvennero presso l'Ospizio del Gran San Bernardo numerose tavolette incise con dedica a Giove Pennino. Cfr. FERRERO 1890, p.

296. La frequentazione del sito in età preromana, probabilmente legata ad un culto indigeno, è attestata dal rinvenimento di numerose monete galliche. Cfr. FERRERO 1892, p. 64 e 74-76; FERRERO 1892a. Si veda in generale anche LANDUCCI GATTINONI 1991.

[77] A questo proposito si vedano le considerazioni in MAZZOLENI 1991, pp. 106-107.

[78] BAROCELLI 1924a, con bibliografia precedente.

[79] In generale si veda RAGETH 1989.

I PERCORSI

Come già ampiamente accennato nelle pagine precedenti, il presente studio ha inteso indagare i percorsi di valico transalpino compresi nelle Alpi Centrali, tra le Retiche e le Lepontine, in gran parte poco noti.

Nello specifico, si è puntata l'attenzione su tre direttrici principali, che interessano percorsi vallivi d'origine glaciale, oggi pertinenti ai bacini idrografici dei laghi della Lombardia nord-occidentale, Lario, Ceresio e Verbano. Esse presentano condizioni geomorfologiche piuttosto omogenee, con una fascia pedemontana collinare che favorì fin dal Mesolitico la presenza umana, aree umide e abbondanza di corsi d'acqua, la presenza di vie d'acqua che penetrano in profondità nella catena alpina e, non da ultimo, direttrici vallive genericamente nord-sud di facile percorribilità.

Ci si muoverà dunque da est verso ovest, ricostruendo sulla base di fonti documentarie, archeologiche, letterarie, in rapporto alla conformazione topografica del territorio, i singoli tracciati. Base di partenza si considereranno i centri municipali maggiori, *Novum Comum* e *Mediolanum*, indagando modi, tempi e funzioni delle comunicazioni con le regioni transalpine; si tenteranno di individuare motivazioni e cause che hanno determinato il mutare di tali percorsi e la preferenza accordata da viaggiatori e *mercatores* nelle diverse epoche della romanità; si proverà a seguire lo sviluppo di tali tracciati fino a tutto l'altomedioevo, quando di fatto si posero definitivamente le basi per il permanere della rete stradale sovranazionale ancor oggi in uso.

La via Regina
(da Comum ai valichi retici del Chiavennasco)

Con il nome di "via Regina" è comunemente denominata la strada che, probabilmente dall'età romana, percorre la riva destra del ramo occidentale del Lario, mettendo in comunicazione la colonia di *Novum Comum* con *Clavenna* e di qui con il centro retico di *Curia*, attraverso i valichi dello Spluga, del Settimo e del Maloja-Giulio[80].

Il percorso è attestato innanzitutto dalle fonti itinerarie della media età imperiale, che ne sottolineano di conseguenza un'importanza non solo locale, ma ad interesse sovranazionale; gli *itineraria scripta*, però, non parrebbero considerare la via terrestre, bensì una direttrice lacustre che consentiva i rapporti tra Como e l'Alto Lario.

Nell'*Itinerarium Antonini*[81], infatti, si legge:

A Brigantia per lacum Mediolanium (il Lario) *m.p. CXXXVIII: Curia m.p. L Tinnetione m.p. XX Muro m.p. XV Summo Laco m.p. XX Como m.p. XV Mediolano m.p. XVIII.*

E ancora:

Alio itinere a Brigantia Comum m.p. CXCV: Curia m.p. L Tarvesete m.p. LX Clavenna m.p. XV Ad lacum comacinum m.p. X Per lacum Comum usque m.p. LX.

La Tabula Peutingeriana, invece, collega Como a Coira con una strada le cui stazioni intermedie sono indicate in *Clavenna, Tarvesedo, Cunuaureu* e *Lapidaria*.

In effetti, l'evidenza archeologica e toponomastica, considerazioni di carattere storico e la situazione delle età posteriori inducono a riconoscere l'esistenza di una percorrenza stradale che affiancasse la navigazione per le comunicazioni lungo la riva occidentale del lago.

Appare del tutto probabile, ad ogni buon conto, che la maggior parte dei traffici si servisse della via d'acqua, forse più lunga, data la necessità di toccare centri di entrambe le sponde[82] soprattutto oltre il centrolago, ma sicuramente più veloce in termini di tempo: è stato calcolato che l'intero percorso si

Fig. 18. Tabula Peutingeriana, segm. IV. Resa grafica della rappresentazione della Lombradia nord-occidentale.

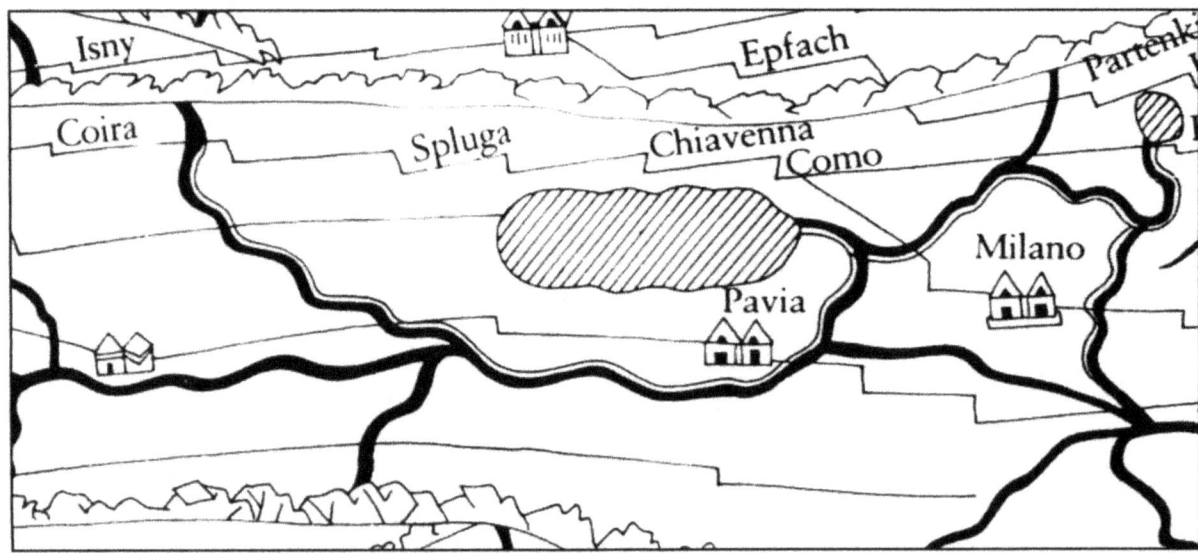

potesse svolgere in 14-16 ore per via lacustre, in tre giorni per via terrestre[83].

Il lago, inoltre, risulta molto più funzionale alla necessità di trasportare merci o uomini: una nave oneraria, seppure di piccole dimensioni, più adatta ad una navigazione lacustre, poteva stivare fino a 250 tonnellate[84], mentre un animale da soma che utilizzasse la via terrestre poteva arrivare ad un massimo di circa 150 chilogrammi.

Nel territorio lariano è documentato un vivace mercato, tanto di esportazione di materie prime e prodotti locali, quanto di importazione di generi di lusso e di prodotti mediterranei; indice della gran mole di scambi commerciali tra l'alta pianura lombarda e l'Oltralpe, oltre ai manufatti stessi, è la presenza di affiliati al grande *Splendidissimum Corpus Mercatorum Cisalpinorum et Transpadanorum* a *Lugdunum*, *Aventicum*, *Aquincum* e *Colonia*[85]. Non meno significativa risulta in quest'ottica la figura di un mercante milanese di cui non si è tramandato il nome, patrono dello stesso *Corpus* e nello stesso tempo dell'attiva corporazione dei *Nautae Comenses*[86]: che Como costituisse un avamposto privilegiato per i commerci transpadani verso settentrione e per quelli transalpini verso l'Italia è indubbio per l'abbondante presenza di materiali d'importazione, ma il legame del personaggio succitato con gli addetti al trasporto di beni mobili via lago è probabilmente significativo di un sistema integrato di stoccaggio e distribuzione dei prodotti tra i due versanti delle Alpi attraverso il Lario e i Grigioni.

Gli scrittori antichi, d'altro canto, testimoniano come la navigazione sul Lario si sia svolta in tutte le epoche: per il I secolo d.C. Plinio il Giovane ricorda in una lettera un suo viaggio sul lago[87]; in età tardoantica Stilicone utilizzò due volte il Lario per raggiungere velocemente la *Raetia* e il *Noricum*, nel 395 e nel 401 d.C.[88]; durante il regno longobardo le comunicazioni tra *Comum* e l'Isola Comacina avvengono sempre per via lacustre[89].

Ugualmente alcune fonti epigrafiche attestano a Como la presenza del già ricordato *collegium nautarum*[90], privati *negotiatores*, barcaioli e traghettatori, preposti al servizio di trasporto di merci e uomini sul lago, mentre dal IV secolo d.C. la città è sede di una flotta militare, agli ordini di un *prefectus classis cum curis civitatis* con compiti di coordinare il rapido movimento delle truppe verso i confini settentrionali e di intervenire tempestivamente in caso di incursioni dalla *Raetia* da parte di popolazioni barbare[91].

Se si considera poi la posizione *ad lacum* di tutti i principali centri lungo il ramo comasco del Lario e oltre il centrolago, non si può che ipotizzare un'accessibilità maggiore dalla via d'acqua, che certamente serviva per portare a valle le materie prime e le risorse naturali di cui la zona era ricca e per trasportare verso nord prodotti di pregio o

Fig. 19. Anfora da Chiavenna. Il *titulus pictus* indica il contenuto in olive nere.

difficilmente reperibili in loco. Si pensi al marmo, che dalle cave di Musso giungeva a *Comum* per essere impiegato nell'edilizia residenziale e monumentale[92], al legname, a prodotti naturali, come il miele, al ferro, come ricorda Strabone[93], agli utensili in pietra ollare[94].

Le importazioni comprendevano suppellettili domestiche, ceramica, oggetti di pregio, ma anche prodotti alimentari, come attesta ad esempio un'anfora rodia da *Clavenna*, che reca il *titulus pi-ctus* Ol(iva) Nig(ra) Exdul(cis) Excel(lens)[95].

In complemento alla grande via d'acqua costituita dal Lario era comunque prevista la possibilità di una percorrenza terrestre, che seguiva la linea di costa lungo la riva occidentale del lago; è plausibile che si trattasse non di un unico manufatto, bensì del susseguirsi di tratti a portata locale, che nel loro insieme permettevano di raggiungere da *Comum* la Valchiavenna e la Valtellina.

Ad essa afferivano con ogni probabilità anche diverticoli che, attraverso valichi a differente altitudine, di varia difficoltà e percorribilità, mettevano in comunicazione il Lario con il Ceresio e la Val Mesolcina o l'alta valle del Ticino. Secondo le ipotesi più accreditate, sulla base di frequentazioni medievali, venivano utilizzati i passi di S. Jorio e di Camedo (2004 m slm)[96], che permettevano di raggiungere dai monti di Musso da una parte Bellinzona, dall'altra la valle della Moesa, verso il S. Bernardino, ma è archeologicamente documentata la frequentazione romana anche della Valle Intelvi, verso il Ceresio, e della Valle di Porlezza. Da qui poi, attraverso la Valsolda, si poteva facilmente raggiungere Bellinzona.

Il percorso.

Nel primo tratto, l'antica via Regina doveva considerarsi diretta prosecuzione della strada comacina, proveniente da Milano[97]; di tale strada venne rinvenuto presso la chiesa di San Carpoforo il primo miliario, recante dedica a Costantino, Massimino II Daia, Giuliano l'Apostata e Valentiniano I, Valente e Graziano[98]. Le dedicazioni documentano come durante il IV secolo d.C., in almeno tre occasioni la cosiddetta Via Comacina avesse subito interventi di restauro o di ripristino, tanto da lasciarne traccia nell'epigrafia: anche *Comum* beneficiò evidentemente del nuovo ruolo politico di *Mediolanum* quale sede imperiale e della conseguente crescita economica di tutta

Fig. 20. Miliario da San Carpoforo di Como. E' indicata la distanza di un miglio in direzione di *Mediolanum*.

l'area settentrionale della penisola. A ciò si aggiungeva la necessità di comunicazioni celeri con le regioni transalpine renane, dove il *limes* iniziava a mostrare la sua debolezza; di conseguenza il buono stato dei *sedimina* stradali era condizione importante, e impegnò l'erario per somme considerevoli[99].

La sede stradale della Regina si manteneva quindi al di fuori della cinta muraria urbica, transitando alle pendici settentrionali della Spina Verde, a sud della città, parallelamente alla moderna linea ferroviaria[100]. Ne sono indice, oltre a non meglio documentati rinvenimenti di tratti lastricati[101], alcune aree cimiteriali di notevole dimensione, individuate in passato nell'area del convento di Santa Marta, presso l'odierna Stazione ferroviaria[102] e lungo via Borgovico[103]. In questo settore del *suburbium* di *Comum* scavi recenti hanno individuato anche una stazione di sosta, probabilmente una *mutatio*, dov'erano possibili il cambio dei cavalli e il ristoro dei viaggiatori[104].

L'edificio si affaccia su una via glareata che collega la cinta muraria di *Comum* alla Regina, attraversando il Cosia su un ponte ricordato nella toponomastica sette-ottocentesca dalla località "Quarto ponte". Era dotato di un'attrezzata cucina, una sala da pranzo e alcune piccole stanze, probabilmente ad uso degli avventori; sul retro un grande cortile permetteva il ricovero di mezzi di trasporto e animali.

Avvalora la ricostruzione di questa direttrice nel primo tratto della via Regina la presenza in età medievale presso la chiesa dei santi Cosma e Damiano di un *hospitalis* per il ricovero di pellegrini provenienti dal nord[105].

Unico elemento turbativo all'andamento della strada poteva risultare il torrente Cosia, soggetto come molti torrenti prealpini a sporadici ma improvvisi fenomeni di piena. Per questo è probabile che la rifondazione cesariana della colonia abbia previsto un'opera di irregimentazione delle acque, della quale si è recentemente rinvenuta una probabile prova archeologica. Gli scavi effettuati nel mese di agosto 2002 nei pressi della riva lacuale hanno posto in luce strutture interpretate preliminarmente come moli d'attracco

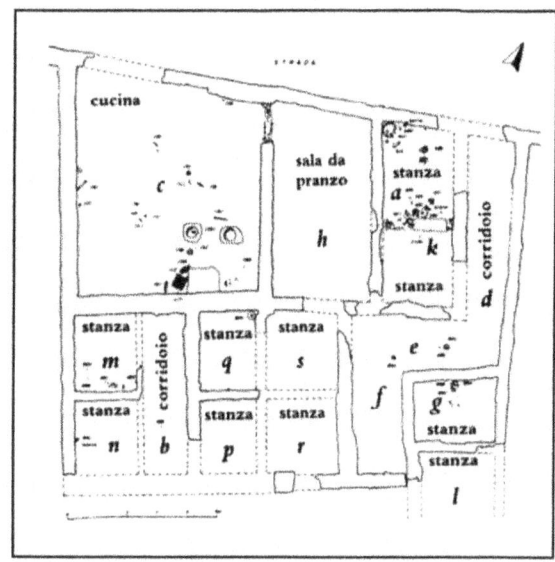

Fig. 21. **Pianta della cosiddetta "mansio" di via Benzi a Como. I-II sec. d.C.**

di un porto-canale[106].

Da qui la strada doveva dirigersi a nord, attraverso la località Tavernola, il cui antico toponimo ricorda probabilmente la possibilità di sosta, pernottamento e cambio cavalli, ancora in età storica. Il tracciato che doveva svolgersi lungo il Lario è stato ricostruito con minuzia da numerosi studiosi, che hanno precisato con estrema puntualità le percorrenze antiche; spesso però è stata ipotizzata con eccessiva sicurezza la coincidenza di strutture medievali e posteriori con ipotetiche tracce romane[107]. In realtà, se anche la presenza di importanti centri di età romana è attestata archeologicamente lungo tutto il percorso così da suggerirne la direttrice di svolgimento, non sembra possibile, né d'altro canto necessario, riconoscere pedissequamente l'antico manufatto stradale.

Certo è, invece, che l'organizzazione amministrativa del territorio dovette conservare la situazione di età preromana: faceva capo ai due gruppi pagensi degli *Ausuciates* e degli *Aneuniates*, le cui sedi vicanali sono attestate epigraficamente ad Ossuccio[108] e a Gera Lario[109].

Fig. 22. Fotografia aerea della città di Como. E' chiaramente conservato l'impianto urbanistico romano, proseguito dalla città murata medievale.

Dalle porte di Comum ad Argegno.
Nel primo tratto della via Regina l'insediamento umano è documentato per l'età romana a Moltrasio[110], Carate Urio[111], e Brienno[112]. Solo nella prima località, però, vennero messe in luce strutture abitative, con pavimentazioni in mosaico; altrimenti, testimonianze "in negativo" provengono dai numerosi ritrovamenti epigrafici o di ambito funerario. Carate Urio, inoltre, sembra essere stato importante centro di popolamento soprattutto precedentemente alla piena romanizzazione del territorio, sulla base delle sepolture lateniane rinvenute in loco.

Ad Argegno, dopo avere superato un tratto oggi a precipizio sul lago secondo direttrici non ricostruibili, la via Regina attraversava il torrente Telo, forse con un ponte simile a quello tuttora visibile, di età medievale[113]. Data la limitata portata del corso d'acqua, però, non è escluso che esistesse sul fiume un semplice guado.

La Valle Intelvi
Risalendo la valle del Telo, era possibile anche imboccare la naturale direttrice di valico interno rappresentata dalla Valle Intelvi, e raggiungere direttamente il Ceresio.

Sebbene in diverse località della valle siano attestati anche rinvenimenti d'età preromana e romana[114], questa via di valico trasversale, relativamente agevole e di bassa quota, acquisì un ruolo significativo soprattutto nell'Altomedioevo, poiché permetteva di mettere in comunicazione il basso Lario con Bellinzona e Lugano senza utilizzare i più difficoltosi valichi dei Grigioni. Indizio di questo accresciuto ruolo viabilistico sono due fortificazioni di controllo stradale che gli scavi archeologici stanno in questi anni portando alla luce.

Della prima era già nota un'attestazione epigrafica, grazie ad un'iscrizione sepolcrale rinvenuta nel XIX secolo[115] che ricorda come Marcelliano, *famulus Christi* della Chiesa comasca, fece edificare "*sua industria et labore nec sine maxima expensa*" un *castrum* presso la chiesa di S. Vittore a Laino Intelvi; l'iscrizione è variamente datata tra 548 e 556 d.C..

Per la sua posizione su un leggero dosso nei pressi della strada verso il Ceresio, lungo la valle del Telo di Osteno, la struttura poteva funzionare tanto da ricetto per la popolazione quanto da luogo fortificato di avvistamento e controllo itinerario.

Alcune campagne di scavo hanno messo in luce una cinta muraria di non enorme proporzioni, una cisterna foderata in cocciopesto ed ambienti abitativi le cui funzioni non sono ancora ben definite. Le strutture sono a camera unica, rettangolare, parzialmente tagliate nella roccia ed edificate in calcare locale; il materiale associato testimonia una prima frequentazione durante l'età del Bronzo, che poi si rinnovò saltuariamente in età romana, fino ad assumere una forma stabile in età altomedievale con la fondazione del ricetto fortificato[116].

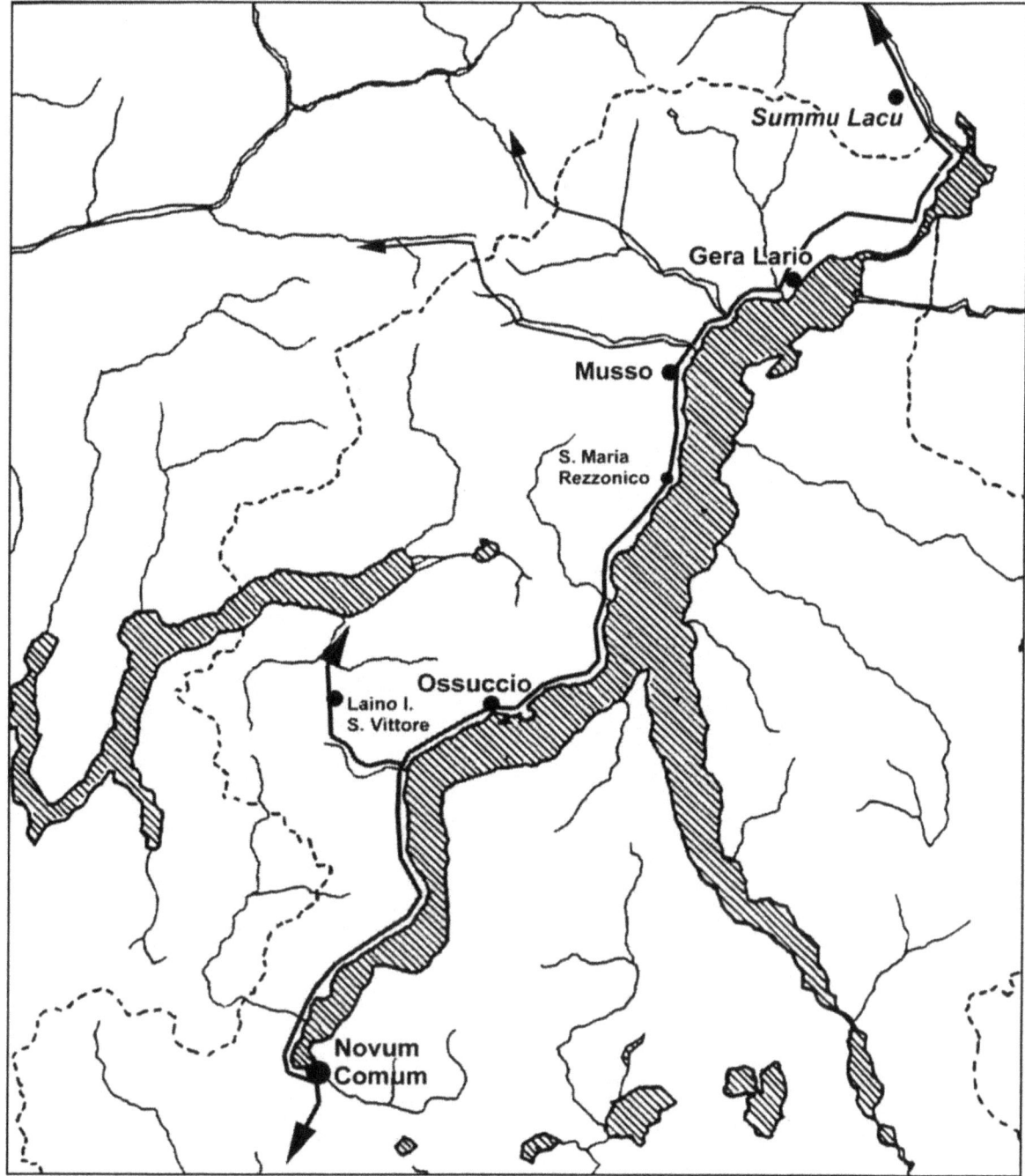

Fig. 23. Il percorso della Via Regina lungo la sponda occidentale del Lario. I percorsi trasversali per la Valle Intelvi, il Passo di S. Jorio e il Passo di Camedo la mettono in rapporto diretto con il Ceresio, l'Alto Ticino e la Mesolcina.

L'edificazione del *castrum*, come in altri casi nel Comasco, si deve ad un intervento "privato" da parte della Chiesa locale in un periodo d'incertezza quale la guerra greco-gotica.

Il secondo *castellum* è stato individuato nei pressi della chiesa di S. Giorgio, a Pellio Intelvi Superiore. Si tratta di una struttura rettangolare in pietra calcarea, con torri angolari, a più ambienti: su base numismatica è datato ad età ottoniana[117].

La peculiarità del *castellum* di Pellio Superiore risiede nel fatto di poter dominare sia la strada proveniente dal Ceresio lungo la valle del Telo di Osteno, sia quella che risale dal Lario, in un'ottica di controllo ad ampio raggio della rete di comunicazioni.

Si aggiunge un terzo appostamento di controllo, ubicabile sulla cima del cono vulcanico del monte San Zeno, la cui datazione necessita però di verifiche ulteriori; si riconosce così un sistema di controllo-avvistamento fortificato che sottintende un utilizzo non saltuario della via intelvese.

Da Argegno a Clavenna.

Oltrepassato Argegno, un popolamento sparso legato all'attività di pesca sul lago è attestato da un ritrovamento funerario di età tardoantica a Colonno[118]: nel corredo erano stati inseriti anche ami e attrezzi da pesca in ferro, identificativi dell'attività del defunto.

Più oltre, invece, ci si imbatte lungo la Regina nei centri che dovevano costituire i nuclei di più denso popolamento sul lago: Ossuccio[119], Lenno[120] e Tremezzo[121].

Ad Ossuccio il passaggio della strada è testimoniato soprattutto dalla situazione altomedievale e d'età posteriore.

Certamente centro di popolamento preromano e poi romanizzato, sede vicinale in età imperiale, è con la presenza longobarda che Ossuccio si sviluppa come centro religioso principale di tutto il centrolago. Se la chiesa battesimale e poi plebana è da riconoscere in S. Eufemia, sull'Isola Comacina, a non più di qualche centinaio di metri dalla sponda lacuale[122], ad Ossuccio si insediò il più noto *hospitalis* di tutto il lago, dedicato a Santa Maria Maddalena[123], nonché una sede ecclesiale di lunga durata indagata archeologicamente, dedicata a S. Sisinnio: la prima

Fig.24. Santa Maria Rezzonico (CO). La struttura muraria della fortificazione goto-bizantina, in pietre locali e mattoni di reimpiego.

edificazione della chiesa risale all'inizio del VII secolo[124].

Anche Lenno costituì un centro romano significativo, se si considera la scoperta di un edificio dotato di impianto termale sotto la chiesa di Santo Stefano, con colonnato in cipollino e pareti affrescate; nei pressi si identificarono in passato anche tratti di una conduttura idrica, probabilmente funzionale all'edificio[125]. Nei dintorni, poi, tra Lenno e Tremezzo, la letteratura archeologica e storica e le ricostruzioni dei filologi hanno sempre collocato le ville di proprietà dei Plinii, dette *Comoedia* e *Tragoedia*, la cui bellezza decanta Plinio il Giovane in alcune sue lettere[126].

L'archeologia apporta in quest'ottica solo un piccolo dato, il rinvenimento nel 1913 di un pavimento musivo[127], di difficile attribuzione.

Proseguendo oltre, reperti d'ambito funerario sono attestati a Menaggio[128], mentre a S. Maria Rezzonico a breve distanza dall'attuale riva del lago si trova un grande edificio quadrilatero, in ciottoli e trovanti locali legati da malta, interpretato come fortificazione *ad lacum*. Un intervento di scavo nel 1984 e recenti processi di restauro e consolidamento hanno permesso di confermare la datazione già ipotizzata ad età gota o longobarda[129].

A monte dell'abitato, pochi chilometri più a nord, verso il piccolo centro di Cremia, è stata anche individuata alla fine degli anni '80 una successione stratigrafica che s'ipotizza essere la sede stradale dell'antica Regina; sotto l'humus, si presentava con due strati sovrapposti di ghiaia che coprivano un rudimentale acciottolato legato da sabbia. La sede stradale risulta ampia 1,5 metri, e presenta le tracce del passaggio di carri o slitte da traino; a valle è sorretta da un terrazzamento di oltre due metri, con evidenti tracce di restauri successivi[130].

Purtroppo manca qualsiasi reperto archeologico che permetta un aggancio cronologico certo, così che un tale manufatto non sembra precisamente inquadrabile né riferibile ad età antica; i soli interventi di restauro sottintendono una lunga durata per la fase d'uso della strada.

A mezza costa, nei boschi di Cremia, invece, un'indagine più recente ha posto in evidenza la traccia del passaggio di carri o slitte su di un masso erratico, a guisa di binari[131]. Il sentiero prosegue poi verso l'abitato, e, dopo alcune centinaia di metri, ci si imbatte in una scaletta intagliata nella roccia, con corrimano per appoggio. Il manufatto, anche in questo caso, non è databile, e per la sua posizione decentrata rispetto alla direttrice perilacustre il sentiero potrebbe essere stato utilizzato per le attività economiche legate all'uso del bosco, come ancora oggi.

Oltre Cremia, tracce significative di frequentazione romana sono state individuate a Musso. Qui, presso un'antica cappella dedicata a S. Carlo[132], si mise in luce un'edicola monumentale, dedicata durante il I secolo d.C. da un tale Mestrio a Diana.

Tracce consistenti della Regina, o più generalmente di una strada antica, sono visibili presso la chiesa di S. Eufemia; in questo punto la strada è obbligata a salire il ripido pendio del Sasso di Rancio, per poi ridiscendere verso il lago. I solchi lasciati dal

Fig. 25. Musso (CO). La via Regina presso la chiesa di Santa Eufemia. Ben evidenti i solchi dei carri.

passaggio dei carri, ben visibili nel fondo roccioso, hanno un passo di 1,07 metri e si sviluppano per tutto il tratto più ripido in punti di transito particolarmente difficoltosi[133].

Non è tuttavia da escludere che già in età antica esistesse un tracciato lungo le rive del Lario, coincidente circa con quello attuale; certamente è attestato nel XIV secolo, quando gli Statuti di Como indicano che la strada "*vaddit subtus porticum Castelli Iacobi de Malacriis per burgum Dugno"*, e ancora in un disegno del XVI secolo che rappresenta la stessa situazione[134].

Tornata sul lago, la direttrice stradale raggiungeva Gravedona, dove sono attestati ritrovamenti di epigrafi e d'ambito funerario[135], e più avanti, Gera Lario, probabile sede amministrativa del *vicus* degli *Aneuniates*.

A Gera è stata individuata da tempo, e da poco restaurata, una grande villa romana, sulla quale fu poi edificata la chiesa di S. Vincenzo[136].

Giunto a Sorico, il cammino proseguiva probabilmente non lungo la riva del lago, ma scavalcando l'Alpe di Teolo discendeva poi fino alla stazione di *Summu Lacu*, segnalata dalla Tabula Peutingeriana come porto d'imbarco verso *Comum*. Il sito, che ha mantenuto il medesimo toponimo fino al basso Medioevo, si identifica con l'attuale Samolaco.

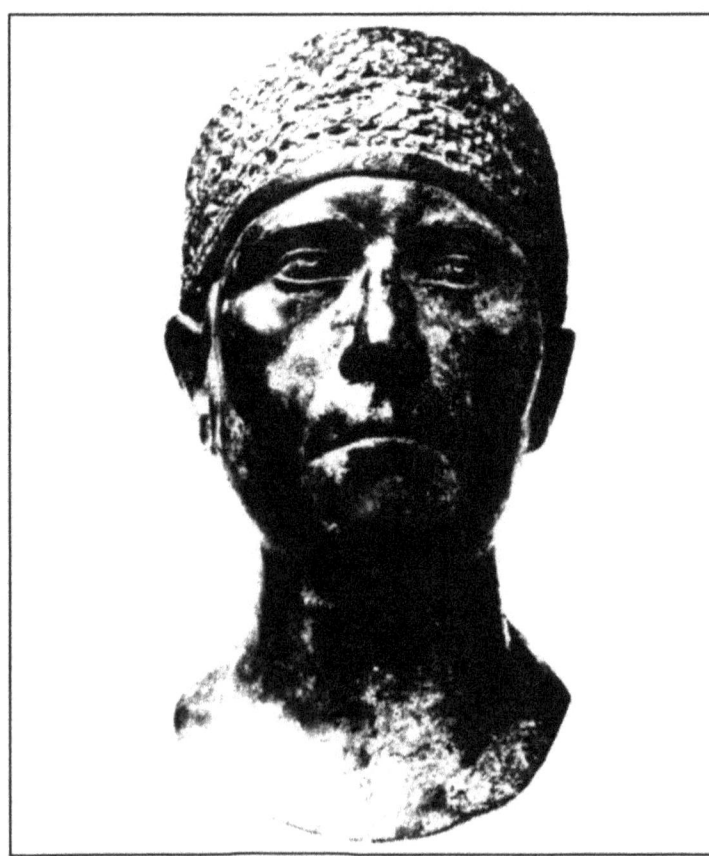

Fig. 26. **Ritratto in bronzo rinvenuto a *Clavenna*, oggi disperso . I sec. d.C.**

Era dunque questo il luogo in cui via terrestre e via lacustre tornavano a sovrapporsi, per intraprendere poi la strada dei valichi verso Oltralpe.

Dove si trovasse l'approdo in età romana non è dato saperlo; potrebbe suggerire un'ubicazione il toponimo "prà dal port", mentre ad età viscontea risalgono gli anelli d'attracco visibili fino a qualche decennio fa in località Vighizzolo[137]. Ancora nel Quattrocento, dunque, i barconi milanesi risalivano il lago per rifornirsi di legname e pietra fino a Samolaco.

Prima dei mutamenti idrogeologici che hanno portato all'attuale situazione, con la confluenza di Adda e Mera e l'interramento dell'estrema parte settentrionale del bacino lacustre, il porto di Chiavenna era Riva; per questo il centro era stato oggetto di particolari disposizioni da parte dei re Berengario I, Ugo e Lotario, nel X secolo[138].

A *Summu Lacu* aveva dunque origine la rete di comunicazione propriamente di valico, secondo le testimonianze delle fonti itinerarie. In età medievale la mulattiera attraversava Prato Bissé, Basone di Somaggia, Pizzo e Prata, entrando in Chiavenna dalla salita di Reguscio, dove, presso la chiesa di S. Maria, è rimasta la denominazione di Porta milanese[139].

Clavenna

Clavenna è considerata tanto dall'*Itinerarium Antonini* quanto dalla Tabula Peutingeriana l'ultima sosta prima dell'ascesa ai valichi, mercato e base per i traffici con l'Oltralpe[140]. Numerosi ritrovamenti archeologici ne attestano la romanità, e permettono di collocare l'insediamento all'incirca in coincidenza con l'abitato attuale. Tutti i reperti provengono dalla zona compresa tra Pratogiano e il Mera, sebbene si localizzino con precisione pochi contesti; accanto ad alcune sepolture di età imperiale, a ritrovamenti di monete e di materiali sporadici, particolarmente significative risultano una testa bronzea della prima metà del II secolo d.C., probabilmente di fabbricazione bresciana o veronese, oggi dispersa[141], e la già citata anfora con *titulus pictus*, attestata anche nel *Noricum* e a *Vindonissa*[142].

La persistenza di culti locali preromani, reinterpretati in chiave olimpica dopo la romanizzazione, è documentata da un'ara votiva, con dedica a Giove *Reinimus*; il monumento, oggi disperso, fu rinvenuto nel 1927 e si data alla piena età imperiale[143].

La vocazione di nodo di traffici tra l'Italia Settentrionale e le regioni transalpine è documentata a Chiavenna anche dalla cospicua presenza di materiale d'importazione. Lo studio e la classificazione dei reperti rinvenuti durante scavi edili negli anni Settanta del secolo scorso documenta abbondante presenza di terra sigillata di produzione renana e della valle della Mosella[144] e, soprattutto, numerose tipologie anforiche, d'origine spagnola, egea, istriana, della costa tirrenica e mediopadane[145]. Il dato cronologico che emerge dal materiale succitato indica la massima fioritura di *Clavenna* come nodo commerciale di traffico entro l'inizio del III secolo d.C.

Un nuovo ruolo, fondamentale in chiave militare, dovette rivestire la città con la tarda romanità e specialmente durante il regno goto, quando l'Anonimo Ravennate la inserisce tra le *civitates non longe ab Alpe* che costituivano i *claustra* di controllo armato sul nuovo *limes* settentrionale[146].

In quest'ottica la cita anche Paolo Diacono, che considera la *civitas* come punto di passaggio obbligato per raggiungere la *Raetia*[147]. Anche in età longobrada dovette mantenersi precipuo il fine militare di controllo dell'insediamento, collegato ad un *claustrum* vero e proprio ubicato presso la stazione di *Murus* e costituito da un gran muraglione a sbarramento della Val Bregaglia verso sud[148].

Anche durante il regno d'Italia l'attenzione degli interventi normativi regi fu sempre volto ad assicurare la percorribilità delle vie d'accesso alle Alpi, e la cura per *Clavenna* si giustifica nella sua vocazione di centro confinario. Tra gli altri, si ricorda un "*pontem iuris regni nostri de Clavenna*" in un diploma di Ugo e Lotario datato all'anno 937[149], la cui cura viene demandata alla Chiesa comasca.

A nord di Clavenna.

Da *Clavenna*, secondo i già citati *itineraria* tardoantichi, si dipartivano due differenti ed alternativi percorsi, il cui terminale era comunque *Curia*, primo capoluogo amministrativo della *Raetia Secunda*.

Fig. 27. Le strade di valico attraverso i Grigioni a nord di Chiavenna. Lungo il percorso sono indicati i principali siti archeologici e le *mansiones* ricordate dagli *itineraria*.

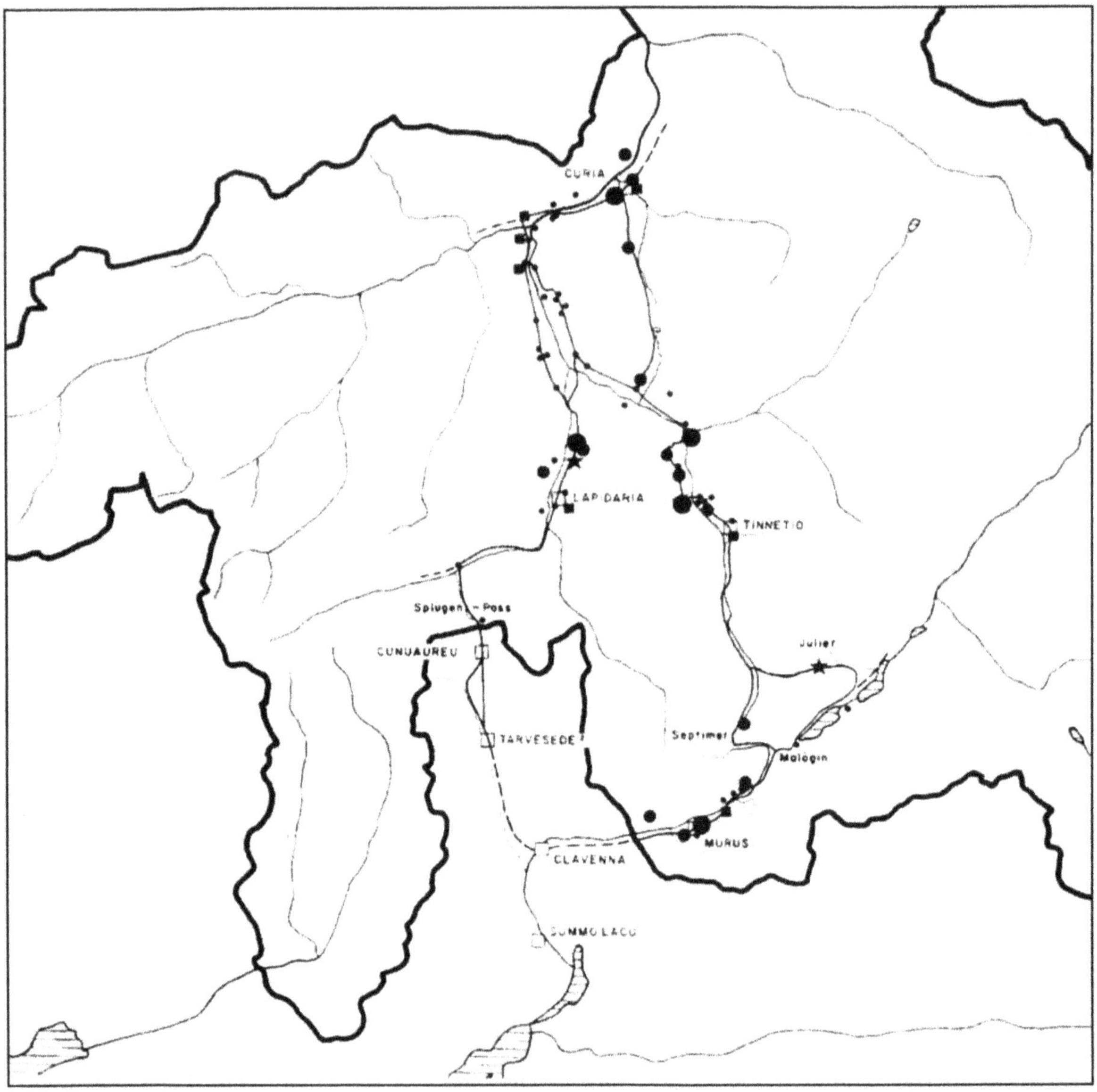

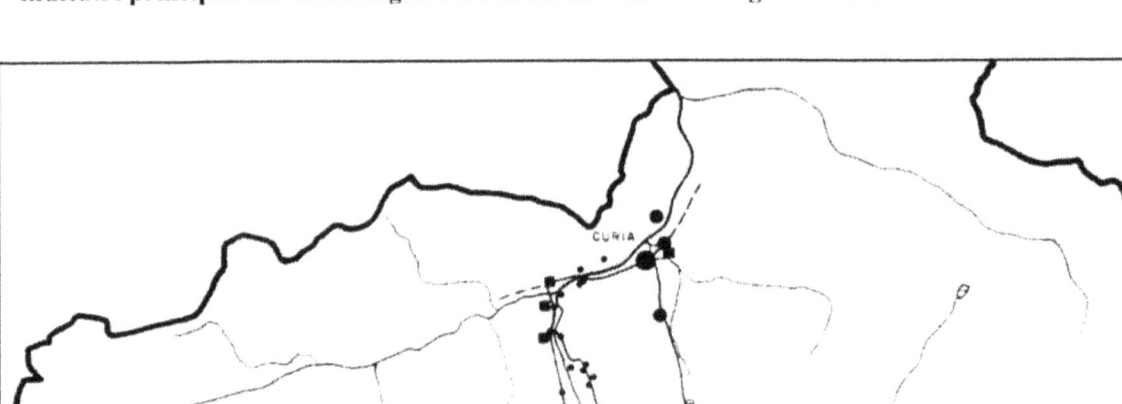

PER I VALICHI DEI GRIGIONI (MALOJA; GIULIO; SETTIMO)

Secondo l'*Itinerarium Antonini*, un percorso si snodava lungo la val Bregaglia toccando le località di sosta di *Murus*, dopo quindici miglia, e *Tinnetione*, dopo sessanta.

Molta letteratura archeologica e storica è stata prodotta a questo riguardo, cercando di argomentare efficacemente sull'esistenza della via romana; la localizzazione puntuale del manufatto in alcuni punti del tracciato, pero', si deve esclusivamente agli studi di Armon Planta, che, combinando lo studio della cartografia sette-ottocentesca, documenti medievali e le raccolte di dati di scavo, ha potuto individuare sul terreno l'effettiva ubicazione della sede stradale[150].

Muovendo da *Clavenna*, tracce di insediamento

Fig.28. Rampa a gradini per la salita dei carri a valle del passo Maloja, lungo la strada romana. I fori laterali permettevano il bloccaggio delle ruote per evitare lo scivolamento.

d'età romana sono state individuate a Soglio[151] e, poco più a nord, a Bondo, presso la chiesa parrocchiale[152].

La *mutatio* di *Murus* è stata da tempo identificata nel centro di Castelmur-Promontogno: scavi passati hanno portato alla luce numerosi edifici con ipocausto[153], mentre sono da mettere in rapporto al passaggio della strada per il Giulio due iscrizioni con dedica a Mercurio Cissonio[154]; il dio, notoriamente protettore di viaggiatori e mercanti, è in questo caso assimilato ad una divinità locale, in chiave di *reinterpretatio* religiosa. In corrispondenza della fortificazione medievale di Castelmur sono inoltre stati individuati solchi dal passaggio di carro, difficilmente riconducibili alla via romana o piuttosto a quella medievale.

Simili binari, con un "passo" di 1,07 m, sono stati localizzati anche più a nord, lungo la salita al passo Maloja, presso Casaccia, e a Bergell, nel cosiddetto Malögin. Qui Planta scoprì anche una vera e propria "rampa a scalini", con fori laterali; essa serviva probabilmente per evitare lo scivolamento dei carri in un punto di passaggio particolarmente ripido[155], permettendo di bloccare le ruote dei carri con un bastone nel momento in cui gli animali da soma non esercitavano la trazione. Si noti come, nel tratto che l'attuale strada cantonale supera tramite undici tornanti, la strada antica proseguiva quasi rettilinea, con due soli tornanti.

Prima di giungere al passo Maloja, reperti romani di diversa natura sono stati rinvenuti a Vicosoprano[156], dov'era un piccolo insediamento.

Scesi dal Maloja, invece, era possibile penetrare in Engadina Superiore, verso la valle dell'Inn o la Val Venosta, oppure imboccare la direttrice che portava al passo di Giulio.

Il primo tratto si doveva svolgere sulla sponda del lago di Sils, dove il Planta rinvenne tracce di ruote di carro intagliate nella roccia; ugualmente interessante è il ritrovamento nel 1964 di quattro are romane, dedicate a Diana, Silvano, Mercurio e ai Pastori, nelle acque del lago: forse lo specchio

Fig. 29. Bivio, loc. La Veduta. Solchi dovuti al passaggio dei carri lungo la strada romana del passo di Giulio.

d'acqua veniva utilizzato anche per il trasporto di merci per mezzo di piccole imbarcazioni[157]. Il ritrovamento, inoltre, ripropone la compresenza nell'ambiente alpino retico di culti ufficiali e preesistenti culti locali, come quello dei *Pastores*, chiaramente riferibile all'attività dell'allevamento ovo-caprino e forse bovino che doveva essere ben diffuso sul territorio.

Circa a metà del lago è comunemente accertato che una direttrice stradale proseguisse lungo le ripide sponde o per via d'acqua e continuasse lungo i Grigioni occidentali verso Sankt Moritz e l'Engadina. Con percorsi agevoli per la stessa morfologia del terreno, che degrada ad est molto dolcemente accompagnando il corso del fiume Inn, si poteva proseguire verso il Norico, fino alla confluenza con la via Claudia Augusta. Proveniente da Verona lungo la valle dell'Adige, essa valicava le Alpi ai *Tridentina iuga*, attraverso il passo di Resia, e scendeva poi nel Norico occidentale, proseguendo verso *Brigantium*.

La via più frequentata, ad ogni buon conto, è da considerare quella del Passo di Giulio, che si stacca da quella lungo l'Engadina sul lago di Sils e risale il versante nord-occidentale della valle; proprio su questa direttrice si ubica il maggior numero di evidenze legate alla frequentazione dei valichi retici grigionesi.

Al Giulio, proprio in corrispondenza del valico, è nota l'esistenza di un santuario romano dedicato a Giove, indagato nel 1934 dal Conrad, del quale è ancora visibile ai lati della strada il tronco di una colonna spezzato in due metà[158]. Inoltre vi furono segnalate numerose tracce della strada, su entrambi

Fig. 30. Passo di Giulio (Confederazione Elvetica, Cantone Grigioni). Ai lati della strada sono ancora presenti due mezze colonne del tempio individuato nel 1934.

i pendii d'accesso: i solchi lasciati dal passaggio dei carri presentano un passo costante di 1,07 metri.

In alternativa, evitando il Maloja si poteva raggiungere *Curia* e la *Raetia* salendo da Casaccia lungo il versante occidentale della Bregaglia al passo di Settimo, tramite un percorso più breve di circa tre ore ma molto più erto e difficile[159].

L'utilizzo di questo tracciato è attestato con certezza nel IX secolo, quando fu fondato sul valico un ospizio per i viandanti dedicato a San Pietro[160], ma venne preferito alle altre percorrenze solo durante l'età medievale, come documenta il restauro dell'*hospitalis* avvenuto nel 1387 ad opera di Giovanni da Castelmur[161]. Negli anni '30 si

con la *mutatio Tinnetio*, a Riom, dove si trovava un'altra stazione di sosta[164], e a Tiefencastel[165].

Tinizong, oltre ad un rimando toponomastico alla *mutatio* dell'*Itinerarium Antonini*, è posta a sessanta miglia esatte da *Clavenna*, per il percorso del Giulio, come vuole lo stesso *Itinerarium Antonini*; la presenza di materiale d'età romana, benché sporadico, ne avvalora l'identificazione con *Tinnetione*.

A Riom, invece, si è individuato un contesto insediativo importante, con edifici in muratura e in legno, dotati di sistemi di riscaldamento ad ipocausto e a canali, decorati da pitture parietali; sulla base del materiale ceramico rinvenuto,

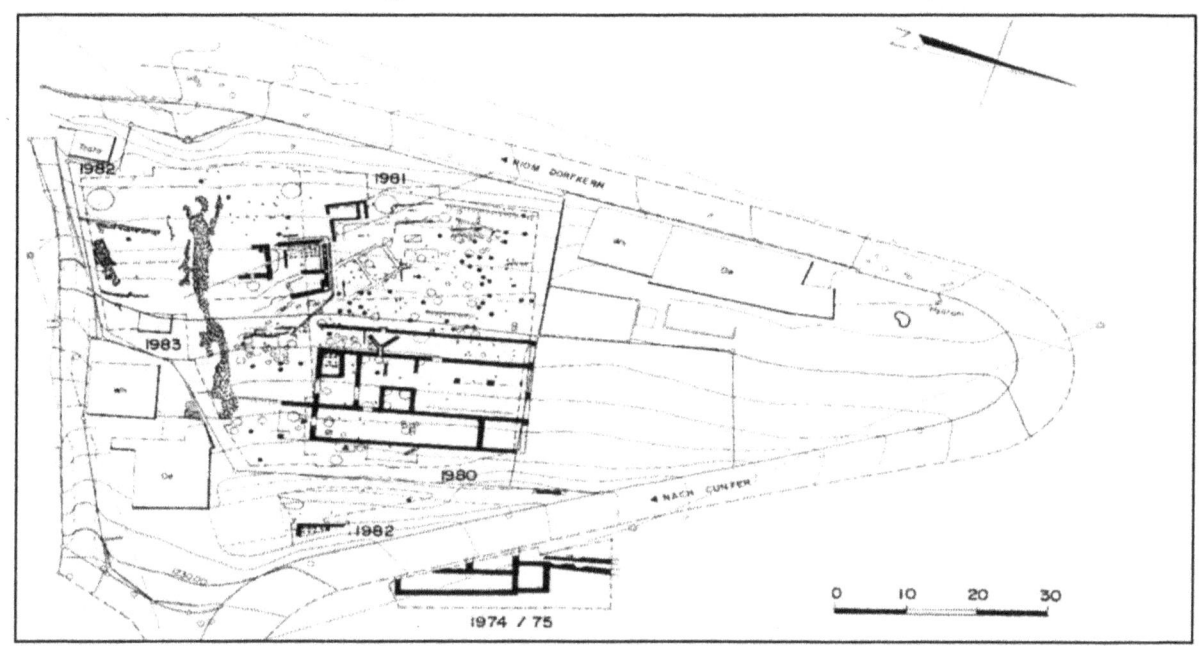

Fig.31. Pianta delle strutture d'accoglienza e abitative individuate a Riom, lungo la via del passo di Giulio.

rinvennero *in situ* anche reperti d'età romana imperiale, ad indicarne una frequentazione, seppur modesta[162].

Con molta probabilità, se il Settimo era utilizzato in età romana in virtù del suo percorso più breve, non è pero' possibile ipotizzare una strada carrabile per l'eccessiva pendenza, ma solo una semplice mulattiera o un sentiero da percorrersi a piedi.

Nella discesa verso Coira, particolarmente interessanti in chiave viabilistica sono i ritrovamenti effettuati a Tinizong[163], identificata

l'insediamento trova una piena strutturazione con l'età augustea e ha una continuità di vita fino al IV secolo, con una breve ripresa in età altomedievale.

Doveva trattarsi di un piccolo centro cresciuto in margine alla via di valico, che in caso di necessità poteva funzionare anche da luogo di sosta, pur senza essere indicato dalle fonti antiche come una vera e propria *mutatio*.

Le strutture difensive e l'area cimiteriale localizzate a Tiefencastel, infine, sono interpretati come un *castellum* altomedievale con annessa necropoli, la cui funzione è probabilmente ascrivibile a controllo stradale, quando le fonti letterarie documentano l'uso delle vie dei valichi retici per raggiungere Coira e le regioni dei Baiuvari dal regno longobardo.

Lo studio comparativo delle importazioni attestate nei principali siti grigionesi tra la prima età imperiale e la tarda antichità[166] dimostrano, d'altro canto, come il territorio sia stato area privilegiata di passaggio per merci ed uomini, e abbia giocato un ruolo fondamentale per i commerci a lunga distanza sui due assi nord-ovest-sud.

Nel I secolo d.C. è molto ben attestata la presenza di terra sigillata, ceramica a pareti sottili e mortai norditalici, accanto a terra sigillata sud-gallica, ma anche di anfore istriane, ad indicare una preminenza di importazioni dall'area padana in un periodo di forte romanizzazione della popolazione indigena. Successivamente, per i due secoli centrali dell'età imperiale, scompaiono quasi completamente i materiali mediterranei, sostituiti da produzioni della Gallia centrale e renana, da anfore galliche e spagnole e dalla cosiddetta "terra sigillata delle Argonne": l'asse privilegiato per i commerci diventa dunque quello ovest-sud, attraverso la valle del Reno e il lago di Costanza. Col IV secolo, infine, la distribuzione abbondante di terra sigillata africana mostra un rifiorire delle importazioni mediterranee, durante il primo periodo di crisi sul *limes* renano.

LA VIA DELLO SPLUGA

Meno chiaro è il percorso per il passo dello Spluga, ricordato sia dalla *Tabula Peutingeriana*, sia come secondo tracciato dall'*Itinerarium Antonini*. Mentre quest'ultimo segnala tra *Curia* e *Clavenna* una sola *mutatio*, denominata *Tarvesede*, il percorso della Peutingeriana tocca, dopo *Curia*, le *mansiones* di

Fig.32. Frammento di affresco con genio alato, da Il' edificio principale di Riom.

Fig. 33. Tabula Peutingeriana. Particolare della via dello Spluga.

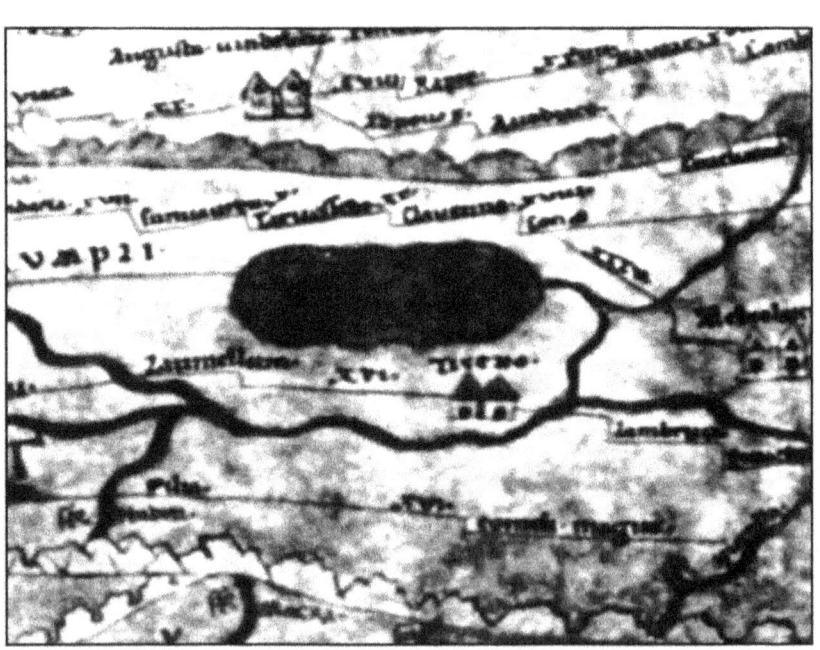

Lapidaria, *Cunuaureu* e *Tarvesede*.

A tutt'oggi gli studi specifici su questo itinerario non hanno potuto individuare con precisione il percorso del sentiero verso il valico[167]. Ben riconoscibile è invece la mulattiera medievale, che attraversava S. Giacomo, Gallivaggio, Vho e Prestone, prima di giungere a Campodolcino; di qui le ipotesi più probabili indicano due possibili percorsi: uno saliva per Livo e Isola, attraversava la gola del Cardinello, poi giungeva fino al passo; l'altro proseguiva sul versante sinistro della valle, per Franciscio, Motta, Madesimo, Montespluga.

Pur supponendo che la percorrenza di età storica perpetuasse quella romana, doveva necessariamente trattarsi di una strada non carrabile; solo carovane di animali da soma e viaggiatori a piedi potevano, infatti, superare alcuni tratti molto esposti, stretti o con la presenza di scalini intagliati nella roccia, come quelli che s'incontrano ancor oggi lungo la salita allo Spluga.

La discesa verso Coira avveniva lungo l'alta valle del Reno, dove invece evidenti tracce della strada antica sono ancora visibili lungo la Via Mala[168], tra Splügen e Zillis, in territorio elvetico. Armon Planta ha asserito con certezza che gl'interventi di sistemazione stradale riconoscibili in questo tratto, una semigalleria intagliata nella roccia e una serie di incassi per un parapetto in legno, siano da riferire alla strada romana; l'ipotesi si basa su confronti tipologici e sullo studio della tecnica costruttiva, ma i dati documentari non risalgono a prima del XII secolo.

L'insediamento di Zillis, secondo questa ipotesi, sarebbe da identificarsi con la stazione di *Lapidaria*. Scavi effettuati 1938 e in campagne successive hanno individuato presso la chiesa

Fig. 24. La dogana al passo dello Spluga in un'immagine del XIX secolo.

evangelica e in località Heisenstein tracce evidenti di abitazioni d'età romana e tardoromana[169], mentre in una caverna a valle di Heisenstein si riconobbe un santuario rupestre, forse legato al culto di Mitra: la sua frequentazione tardoromana è documentata da un tesoretto di oltre cinquecento monete, nonché dal rinvenimento di alcune laminette votive in argento e di molto cristallo di rocca[170].

Le altre stazioni di sosta riportate dalla Tabula Peutingeriana non sono invece state riconoscibili con certezza. Per *Cuneuaureu* si è supposta l'ubicazione sul valico o nei suoi pressi, per il richiamo ad un luogo di passaggio insito nel toponimo "*cuneus*"; *Tarvesedo*, invece, è da posizionarsi sulla base delle distanze miliari riportate dagli *itineraria*, nella valle di S. Giacomo, forse nell'attuale centro di Campodolcino.

Il quadro generale delle comunicazioni antiche da *Comum* verso Oltralpe, attraverso il Lario e i valichi retici occidentali, dunque, si va chiarificando man mano che s'intensificano le campagne di scavo archeologico nell'area, si approfondiscono le ricerche archivistiche sui numerosi documenti medievali, proseguono i sopralluoghi lungo gli antichi percorsi, recuperandoli all'uso comune e alla loro originaria funzione[171].

Ne emerge, sulla scorta di considerazioni tecniche e storiche e alla luce delle fonti archeologiche e letterarie, che in età romana imperiale si utilizzava un percorso misto, lacustre e terrestre, per i traffici mercantili e per le comunicazioni veloci da *Comum* per l'Oltralpe retico. Nel primo tratto lo sfruttamento della via d'acqua permetteva una diminuzione dei costi, in virtù di tempi più brevi di percorrenza e di maggior capacità di tonnellaggio delle imbarcazioni rispetto alle carovane di muli; successivamente l'evidenza archeologica suggerisce l'utilizzo dei valichi del Maloja-Giulio lungo la val Bregaglia e i Grigioni come via carrabile, dello Spluga e del Settimo per comunicazioni più veloci ma che non necessitassero necessariamente lo spostamento di merci.

Accanto a quest'itinerario sovraregionale esisteva anche un percorso esclusivamente terrestre, di servizio, ad uso della popolazione locale; si trattava più di un susseguirsi di vie vicinali tra singoli insediamenti che un manufatto unitario, ma permetteva comunque di raggiungere l'Alto Lario e le vie per la *Raetia*. La "non ufficialità" della Regina, più che dalla limitatezza dei tratti certamente documentati, emerge chiaramente quando si pondera attentamente la considerazione che l'autorità statale dedicò al settore lariano: tutte le fonti che presentino il crisma del potere centrale identificano il percorso esclusivamente come via lacustre, senza contemplare vie terrestri. Il che non significò uno scarso utilizzo della strada, che però a ben vedere non fu mai pensata e strutturata come manufatto unitario di collegamento verso nord.

Solo con la diminuzione dei traffici o l'utilizzo di altri passi alpini in chiave commerciale tale percorso perilacustre acquistò importanza[172], almeno a partire dall'età altomedievale. Un indizio di questa situazione è da leggere nell'ubicazione ad Ossuccio, in località Stabio, del più importante *hospitalis* di tutto il territorio lariano, adatto ad accogliere i viandanti e i pellegrini diretti in Italia[173]. La località ha assunto all'inizio del '900 il nome di "Ospitaletto", ma l'antico toponimo è molto ben evidenziato in tutta la cartografia preunitaria e anche nelle prime redazioni della tavoletta IGM f. 32 I SE.

D'altro canto, però, la via lacustre doveva ancora essere la più usata per le comunicazioni veloci, se ancora nel 690 d.C. Aldone e Grausone, nobili bresciani, per recarsi dal re Cunicperto, rifugiato sull'Isola Comacina, giunti al lago "salirono su una nave e raggiunsero il re"[174].

Nell'uso dei valichi, ugualmente, non si può pensare ad una cesura rispetto ai secoli precedenti.

Paolo Diacono riporta due episodi nei quali un fuggiasco, per raggiungere il regno dei Baiuvari a Coira, risale il Lario e valica le Alpi retiche. Sembrerebbe che l'area sia stata controllata, a seconda dei periodi, ora dal ducato di Bergamo, ora direttamente dall'autorità regia, attraverso un sistema organico di *claustra*, ricetti fortificati e strutture di controllo che trovavano nella *civitas* di *Clavenna* e nell'Isola Comacina i centri di riferimento. A tale sistema dovevano partecipare nell'Alto Lario i *castella* di Castelvedro di Dervio, S. Ambrogio di Perledo, Santa Maria Rezzonico[175]; il confine doveva risultare quindi piuttosto impermeabile, e di conseguenza i manufatti stradali lungo i valichi non dovrebbero aver conosciuto interventi di ristrutturazione o di mantenimento complessivi.

---

[80] Per i numerosi studi sulla via Regina si vedano MILLER 1916, p. 202; BELLONI ZECCHINELLI 1960; BONORA MAZZOLI 1992 e soprattutto i contributi raccolti in *Via Regina* 1995.
[81] MILLER 1929, pp. 41-42.
[82] Di questo avviso è il Grilli (GRILLI 1989, p. 382), che ritiene che la distanza, valutata in 60 miglia, da Como a Samolaco sia da riferire ad un percorso lacustre che zigzagasse da una sponda all'altra del lago; diversamente la distanza è eccessiva. Di diverso avviso è il Coradazzi (CORADAZZI 1989, p. 305 nota 10), che ritiene "ausiliaria" la viabilità lacuale.
[83] LURASCHI 1995, p. 67.
[84] ZIMOLO 1962, p. 163.
[85] Cfr. WALSER 1991; ID. 1994, pp. 73-80.
[86] CIL V, 5911.
[87] *Plin. Iun.*, Ep. VI, 24. "...navigabam per Larium nostrum...".
[88] *Claud.*, Bell. Get., XXVI, 319-322; *Claud.*, De IV cons. Hon., VIII, 440 ss.
[89] *Paulus Diac.*, Hist. Lang., V, 39.
[90] CIL V, 5295 e 5991; MONTI 1904, pp. 76-80.
[91] Si veda LURASCHI 1977. La fonte storica è in *Notitia dignitatum occidentis*, 42, 7, 9.
[92] Il marmo più utilizzato a *Comum*, tanto in edilizia quanto nei monumenti funebri, è quello che proviene dai giacimenti di Musso e Olgiasca (DE MICHELE-ZELIOLI 1995; TAGLIABUE 1995). Plinio il Vecchio (N.H. XXXVI, 1) attesta l'attività estrattiva del marmo in tutte le Alpi, da cui provenivano le specie più varie.
[93] *Strab.* V, 1, 12.
[94] Grandi pentole in pietra ollare di provenienza valtellinese o della Val Chiavenna sono state riutilizzate come cinerari, ad esempio, nella necropoli di I secolo d.C. individuata recentemente nello scavo di via Benzi a Como. Cfr. CAPORUSSO 2001, p. 230.
[95] CIL V, 5811,1. Un esaustivo quadro del popolamento nel comprensorio comasco in età romana è in SENA CHIESA 1993.
[96] Da ultimi BELLONI ZECCHINELLI 1995 con bibliografia relativa; MASTALLI 1995, con bibliografia relativa.
[97] Il percorso della via Comacina è stato variamente ricostruito attraverso la Brianza, ora lungo la valle del Seveso, ora per Monza e il Comasco sud-orientale. In generale, con una buona bibliografia, si veda MAGGI 1995.
[98] *Carta Archeologica* 1993, n. 108.
[99] BANZI 1999, in particolare pp. 171-190.
[100] Tra la città e la fascia collinare del Baradello scorre ancor oggi il Cosia nel suo tratto terminale; la piana doveva quindi essere soggetta a piene e presentava aree acquitrinose. Nel recente scavo di via Benzi, l'edificio messo in luce fu più volte alluvionato e riedificato (Cfr. CAPORUSSO 2001).
[101] *Carta Archeologica* 1993, p. 115, n. 108.
[102] *Carta Archeologica* 1993, p. 109, n. 99; NOBILE DE AGOSTINI 1995, p. 204.
[103] *Carta Archeologica* 1993, pp. 56-57, nn. 11-17.
[104] Una prima notizia sull'intero scavo è in CAPORUSSO 2001. La sequenza insediativa documenta una necropoli monumentale d'età augustea, cui si sostituiscono nel corso del I secolo d.C. edifici residenziali e un edificio monumentale, forse sede di un collegio. L'abbandono del quartiere avviene durante il III secolo d.C. in seguito ad un incendio di grandi proporzioni. In età tardoantica l'area è rioccupata da una necropoli mista. L'intero contesto di scavo è in corso di pubblicazione.
[105] Le strutture dell'edificio sono state individuate a più riprese, negli anni '60 e nel 1990-91. Cfr. BELLONI ZECCHINELLI-BELLONI 1997, pp. 58-63.
[106] Comunicazione orale della dott.ssa Stefania Jorio, ispettrice della Soprintendenza Archeologica della Lombardia e responsabile dello scavo, al convegno "*Nuove scoperte di Como romana*", svoltosi a Como il 15 novembre 2002.
[107] CORADAZZI 1991. La ricostruzione si basa eccessivamente su tracciati medievali o posteriori, non necessariamente prosecuzione di tratti più antichi.
[108] L'iscrizione in CIL V, 5227 ricorda il gruppo degli *Ausuciates*.
[109] L'iscrizione pubblicata in GIUSSANI 1908, ricorda il gruppo degli *Aneuniates*.
[110] Vi trovarono, presso il cimitero, un pavimento a mosaico e tre monete in bronzo di Gordiano I (MAGNI 1917-18, p. 147), e in località Vergonzano due tombe di IV secolo d.C. (NOBILE 1992, p. 44). Prima di raggiungere Moltrasio, inoltre, documenti d'archivio attestano l'esistenza nel letto del torrente

di un ponte a dodici arcate, risalente ad età romana. Cfr. BELLONI ZECCHINELLI 1960, pp. 39-40.
[111] GAROVAGLIO 1877, pp. 10-13; GAROVAGLIO 1881.
[112] A Laglio vennero alla luce tre tombe di IV secolo d.C. (*Via Regina* 1995, p. 86, n. 25), a Brienno una tomba della stessa età (BERNASCONI 1902, p. 69) e due are dedicate a Giove e alle *Matronae* (CIL V, 5225-5226).
[113] Poco più a monte del ponte medievale (per il quale si veda MANNONI 1995, p. 447) prospezioni e saggi archeologici hanno individuato alcune strutture pertinenti alla fortificazione che le fonti scritte attestano ad Argegno a partire dal XIII secolo. I resti individuati sono stati datati sulla base della ceramica d'accompagnamento al XV secolo. Cfr. CAPORUSSO 1995-97.
[114] NOBILE DE AGOSTINI-RAPI-UBOLDI 1999.
[115] CIL V, 2, 5418.
[116] NOBILE DE AGOSTINI 1995-97; ID. 1996; ID. 1997; ID. 1998; ID. 2001.
[117] Da ultimo, con numerosa bibliografia precedente, CAIMI-UBOLDI 2000.
[118] Da Colonno provengono quattro tombe, datate da una moneta di Diocleziano al primo IV secolo d.C. (NOBILE 1992, pp. 44-45).
[119] BASERGA 1927, p. 183; BASERGA 1929, p. 269.
[120] A Lenno furono rinvenuti a più riprese elementi di murature romane, tratti di acquedotto, pavimentazioni e tombe alla cappuccina (*Via Regina* 1995, pp. 93-96, nn. 41-48).
[121] Probabilmente ad una villa apparteneva il mosaico scopertovi nel 1913 (MAGNI 1913, p. 159).
[122] A proposito dell'insediamento antico sull'Isola Comacina la bibliografia è abbondante. Si veda, come *summa* di numerosi lavori precedenti, il recente CAPORUSSO 1998.
[123] BELLONI ZECCHINELLI - BELLONI 1997, in particolare pp. 64-94.
[124] CAPORUSSO - BLOCKLEY 1995.
[125] BARELLI 1976, pp. 6-7.
[126] *Plin. Iun.*, Ep. IX, 7, 2-4: "*Huius in litore plures villae meae, sed duae maxime ut delectant ita exercent. Altera imposita saxis more Baiano lacum prospicit, altera aeque more Baiano lacum tangit. Itaque illam tragoediam, hanc appellare comoediam soleo (...). Hanc lacu propius, illa latius utitur...*"
[127] MAGNI 1913, p. 159.
[128] BARELLI 1874, p. 24.
[129] FORTUNATI ZUCCALA 1995, con bibliografia precedente. Una campagna di scavi sistematici è stata effettuata nella primavera 2002 dalla Soprintendenza Archeologica della Lombardia; i risultati non sono ancora noti.
[130] DE ANGELIS D'OSSAT 1988-89.
[131] BLOCKLEY-FRIGERIO -NICCOLI 1995.
[132] GIUSSANI 1907, pp. 170-175.
[133] BLOCKLEY-FRIGERIO -NICCOLI 1995, p. 300 n. 2.
[134] CORADAZZI 1989.
[135] BASERGA 1916, p. 77.
[136] Da ultimo CAPORUSSO - BLOCKLEY - GUIDO 1996.
[137] FESTORAZZI 1969, pp. 109-110.
[138] Per i documenti del 937 e del 1013, che nominano il *vicus summolacanus* si veda DEL GIORGIO 1975. Sull'argomento anche ROTA 1995.
[139] BALATTI 1995, pp. 529-530.
[140] BERTOLONE 1939, p. 354 segg.; MARIOTTI 1989.
[141] MAGNI 1919, p. 187.
[142] MARIOTTI 1989, p. 22.
[143] GIUSSANI 1928, pp. 37-38; REALI 1989, p. 223, n. 27.
[144] BERGAMINI SIMONI 1979. Purtroppo il materiale non è stato recuperato attraverso scavi stratigrafici sistematici. Oltre il 50% dei frammenti di terra sigillata recuperati a *Clavenna* risultano prodotti dalle officine della Gallia orientale, ubicate a Rheinzabern, Heiligenberg e Ittenweiler; spiccano alcuni esemplari di coppe Drag. 37, con firma del vasaio Comitialis e del decoratore Latinnus, e un fondo bollato VITALIS.R.
[145] MARIOTTI 1989, pp. 25-44; MARIOTTI 1998; MARIOTTI 1999, p. 173.
[146] *An. Rav.* IV, 30.
[147] *Paulus Diac.*, Hist. Lang. VI, 21.
[148] Il Settia (SETTIA 1989) ricostruisce il sistema difensivo dei *claustra* alpini dopo l'età romana, quando i nuovi dominatori mantennero in uso le strutture fortificate tardoromane. In particolare, a *Murus* pone l'esistenza di un muraglione di sbarramento, con la funzione di rallentare l'avanzata di eventuali invasori mentre le *civitates* andavano organizzando la difesa.
[149] *DUgo e Lotario* 44 (937).
[150] PLANTA 1976; ID. 1979; ID. 1986; EHRENSPERGER 1990.
[151] RAGHET 1995, p. 368; RAGETH 2000a.
[152] JANOSA 1992, pp. 158-160.
[153] Si veda RAGHET 1995, note 21-22, e la bibliografia relativa. Considerazioni generali anche in RAGETH 2000.
[154] BERTOLONE 1939, p. 347.
[155] Per la descrizione dei tratti in questione e la bibliografia relativa si veda RAGETH 1995, pp. 365-368.
[156] ABETEL 1991, p. 25 n. 32; RAGETH 1995, p. 369, nn. 4.1-4.2.
[157] JbSGUF 1968/69, pp. 146-147; ERB-BRUCKNER-MEYER 1966, pp. 223-228.
[158] CONRAD 1936. Notizie più succinte in BERTOLONE 1939, pp. 358-360; RAGETH 1995, p. 369, n. 7.1 e fig. 1, p. 380. I due rocchi appartengono alla medesima colonna, che risultava quindi di notevoli dimensioni.
[159] PLANTA 1979a.
[160] Un *hospitium* dedicato a S. Pietro vi fu costruito nell'825 (BELLONI 1995, p. 477). Si veda anche BERTOLONE 1939, pp. 367-368.

[161] GIUSSANI 1930, p. 32.
[162] CONRAD 1934; ID. 1935; ID. 1938; ID. 1939.
[163] RAGETH 1995, p. 369 n. 8.
[164] RAGETH 1989; RAGETH 1995, fig. 13, p. 386.
[165] Si vedano ABETEL 1991, p. 25, n. 25; RAGETH 1992.
[166] Si veda a tal proposito HOCHULI-GYSEL 1999, e bibliografia relativa. In particolare la tabella a p.129.
[167] Si vedano in particolare GIUSSANI 1930; RAGETH 1995, pp. 370-375; PLANTA 1993.
[168] Si veda RAGETH 1995, figg. 15.17, p. 388.
[169] JANOSA 1992, pp. 321-325.
[170] RAGETH 1994.
[171] In questo un grande merito va riconosciuto in questi anni alla Società Archeologica Comense e all'Istituto per le Vie Storiche, che si sono adoperati enormemente per promuovere lo studio e la conoscenza del territorio lariano e della sua rete di comunicazioni nell'antichità.
[172] Il *Volumen Magnum Statuta Cumarum*, del 1335, per primo cita la via Regina (BIANCHI 1995).
[173] Cfr. BELLONI 1995, pp. 478-479.
[174] *Paulus Diac.* Hist. Lang., V, 39 : "*Aldo vero et Grauso euntes ad lacum Comacinum ingressique navem, ad Cunicpertum profecti sunt*".
[175] Sull'argomento, DOLCI 2002, in cds.

Le vie del Lario: Lario Orientale

Anche lungo il ramo orientale del Lario numerosi indizi di natura diversa permettono di riconoscere lo svolgersi di vie di comunicazione tra le colline prealpine e l'alto lago, che confluivano poi sulle due principali direttrici di valico già precedentemente discusse.

Si deve considerare snodo viario a sud il centro di Lecco, a metà strada tra Como e Bergamo[176]. La Tabula Peutingeriana, infatti, riporta nel tratto pedemontano della via *Comum - Brixia*, un evidente errore, presumibilmente di natura manoscritta: vi si legge *Comum XX Bergomum Leuceris XXXV Brixia*. Prendendo mossa dalle distanze migliarie reali, l'itinerario andrebbe emendato come *Comum...Leuceris XX Bergomum XXXV Brixia*; il sito di *Leuceris* sarebbe in questo modo da identificare con l'odierna città di Lecco, distante una ventina di miglia da Bergamo.

Lecco costituì evidentemente l'equivalente di *Comum* quale terminale meridionale delle vie d'acqua del Lario, nei suoi differenti rami; da qui si raggiungevano i valichi retici orientali per due fondamentali itinerari, determinati dalla conformazione geomorfologica della regione[177]. Il Massiccio delle Grigne, infatti, affacciato direttamente sul lago, costituisce un impedimento non secondario ai traffici della zona, tanto che si può supporre con ogni probabilità che le comunicazioni veloci e il trasporto merci preferissero ad una sede stradale vera e propria una via lacustre, come dimostrato sul ramo occidentale del Lario.

Lo fanno supporre la presenza sul lago della già citata flotta imperiale nel IV secolo d.C.[178], ma ancor di più lo sviluppo in età romana imperiale di alcuni centri rivieraschi, quali Lecco[179], Mandello, Varenna, Bellano e Dervio[180], che trovano il loro sbocco naturale "a lago" piuttosto che nelle impervie vallate retrostanti.

Tali centri, pur senza presentare le caratteristiche specifiche di un *vicus*, confermano un popolamento che trovava nel lago e nelle vallate prealpine le sue linee di sviluppo obbligate, secondo tipologie edilizie e abitative tipiche della Cisalpina romana. Ne è un chiaro esempio la villa rustica individuata negli anni '50 del XX secolo a Lierna, organizzata intorno ad una *pars dominica* con ambienti di rappresentanza mosaicati ed affrescati[181].

Accanto alla via d'acqua del Lario doveva comunque essere in uso una pluralità di percorsi terrestri, che permettevano i rapporti commerciali e umani con le vallate prealpine, dove rimaneva forte la resistenza degli elementi locali preromani ma si portava lentamente a compimento l'acculturazione della popolazione indigena[182].

Sulla scorta dell'analisi geomorfologica del territorio e dei dati archeologici, è probabile che l'itinerario più frequentato fosse quello della Valsassina, lungo le valli del Gerenzone-Caldone e della Pioverna, che con un lungo arco unisce Lecco a Bellano, ben oltre il centrolago. Lungo il tracciato principale, disagevole solo nel tratto iniziale e nella ripida discesa su Bellano, sono stati effettuati tra la fine del XIX e la metà del XX secolo numerosi ritrovamenti archeologici, che evidenziano un popolamento sparso, in piccoli nuclei umani la cui cultura materiale è ancora fortemente influenzata da retaggi culturali preromani. Tombe romane furono rinvenute ad Introbio[183], da dove provengono anche iscrizioni ad Ercole e al dio Mitra[184]; da Cortabbio di Primaluna, invece, proviene una iscrizione sepolcrale datata al V secolo d.C.[185].

A tali insediamenti si aggiunge il riconoscimento di alcune strutture fortificate di probabile fondazione tardoromana, con funzione di ricetto e sbarramento; sono state individuate a Ballabio, Chiusa di Bajedo, Introbio, fino al *pagus* lacustre di Bellano[186], ma necessitano di puntuali verifiche per una più approfondita conoscenza, comprensione e collocazione cronologica.

Fig. 35. Viabilità antica lungo il Lario Orientale. Alternativa alla via litoranea è una percorrenza interna, che sfrutta la Valsassina e ridiscende poi sull'alto lago.

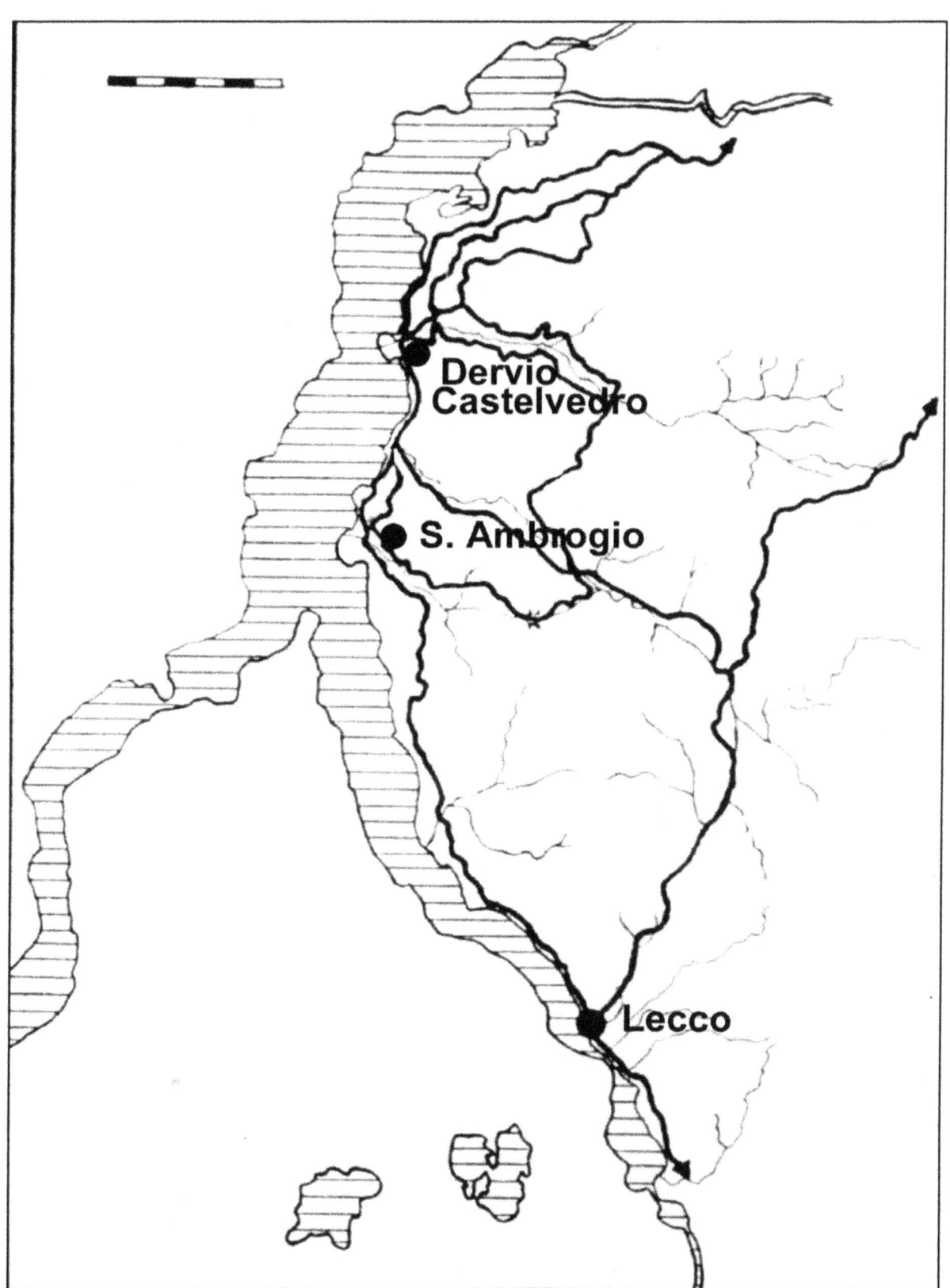

A conforto dell'ipotesi di una funzione preminente della Valsassina in chiave viabilistica bisogna infine considerare che fino a tutto il XVIII secolo fu questa la migliore strada che attraversava il territorio lariano sulla sponda orientale; tanto che, quando nel 1606 il conte di Fuentes volle migliorare i collegamenti per raggiungere il suo forte nella piana di Colico, il preventivo della spesa per il riatto della via della Valsassina fu alquanto minore di quello per il riatto della via Regina, sul Lario occidentale (82.090 lire, contro 210.000) [187].

Tracciato alternativo, ma alquanto più disagevole, era la strada rivierasca, che correva in quota per superare le rupi a precipizio sul lago tra Olcio e Dorio.

Dalle pendici del Monte S. Martino la via seguiva per lo Zucco della Rocca, dove è ancora visibile una grossa cisterna utilizzata nel ricetto fortificato che dominava il lago[188], e Somana. Superato il Passo dello Zucco presso la Madonna del Buon Consiglio, si toccava Lierna, la cui frequentazione romana è testimoniata, oltre che dal ritrovamento già citato di un pavimento musivo probabilmente riferibile ad una villa, dalla presenza di tombe databili al IV secolo d.C.[189]; di qui la strada risaliva all'Alpe di Mezzedo e al passo dell'Ortanella (992 m slm) per poi scendere lungo la valle di Esino.

Esino rappresentò certamente un centro di primo piano durante l'età preromana, come indicano numerosi rinvenimenti funerari; in età romana era probabilmente sede di un insediamento importante, sulla scorta dell'esistenza di una fortificazione presso la chiesa di S. Stefano e di numerosi ritrovamenti tombali[190].

Scendendo lungo la valle del torrente Esino si giungeva in territorio di Perledo, dove in seguito a segnalazioni degli anni '70 del secolo scorso è stato individuato un *castrum* a controllo del lago e della via di valico interno sul promontorio di Sant'Ambrogio[191], un dosso che si eleva per un centinaio di metri ad una quota di 670 m slm, poco più a valle del passo.

Lo stanziamento, organizzato su tre ampi terrazzi, circondato da una cortina muraria in parte ancora visibile, funzionava in età longobarda come punto di controllo militare e, forse, centro religioso per le comunità sparse della montagna. Ancora esistente, seppure in forme seicentesche, è la chiesa di S. Ambrogio, che nella dedicazione e nella pianta ad aula unica con abside quadrata rimanda ad età altomedievale; sotto la cotica erbosa si rivelano inoltre edifici rettangolari di diverse dimensioni e, sul pianoro sommitale da cui si ha un'ampia visione sul centrolago, una torre quadrata di 8 metri circa di lato. Unico aggancio cronologico per la

Fig. 36. Perledo, loc. S. Ambrogio. Il muraglione d'ingresso al castrum.

frequentazione del sito è il rinvenimento fortuito di un elemento di cintura decorato a sbalzo, che si data al pieno VII secolo d.C.[192].

Più a valle, a Vezio, è ancora esistente una fortificazione medievale, per la quale è stata supposta anche una frequentazione bizantina e poi longobarda seppur in assenza di dati certi[193]. Da Vezio, una ripida discesa porta a Bellano e al lago.

Al contrario della via della Valsassina, che una volta raggiunto Ballabio si svolge su terreno pianeggiante, la via rivierasca doveva superare alcuni dislivelli notevoli: scendeva dagli 853 m slm dello Zucco della Rocca ai 351 m slm di Somana, per poi risalire all'Alpe di Mezzedo (868 m slm), al passo dell'Ortanella (992 m slm) e scendere infine a Bellano (242 m slm).

Può essere significativo per confermarne lo scarso utilizzo il fatto che nel già citato preventivo di spesa per il riatto della viabilità verso Colico per il conte di Fuentes non si ponesse nemmeno l'ipotesi di un ripristino di questa strada, che era stata attiva ancora in età medievale, ma man mano era stata abbandonata.

Da Bellano la strada doveva proseguire malagevole, perché stretta e a precipizio sul lago, fino a Dervio, altro nodo viario della zona. Qui infatti confluiva una strada secondaria che, abbandonata la via della Valsassina a Taceno, risaliva la Val Casargo fino al valico di Piazzo, e poi scendeva lungo il versante sinistro della Valvarrone, fino a Dervio.

L'importanza di tale diverticolo era dovuta essenzialmente alle ricche miniere di ferro della Valvarrone, sfruttate già in età preromana e successivamente[194]; il minerale doveva subire una prima lavorazione in loco, per poi essere trasportato sul lago e muovere per via lacustre verso i centri urbani e le officine metallurgiche.

Solo all'inizio dell'XI secolo la via romana lungo la sponda destra del torrente Varrone fu sostituita dall'attuale via sulla sponda destra, poichè, durante i geli invernali, risultava poco agevole ai viaggiatori[195].

Anche questo tracciato, come quello della Valsassina, era costellato di punti fortificati d'osservazione, che facevano capo essenzialmente ai due *claustra* di Bagnala e di Castelvedro[196]. Quest'ultimo in particolare, posizionato a monte dell'abitato di Dervio a una quota di 380 m slm, facilmente raggiungibile con un breve cammino, conserva tutt'oggi tracce consistenti di una fortificazione altomedievale, con murature alte oltre cinque metri in una tecnica che utilizza materiale lapideo locale legato da una tenace malta ricca di laterizi[197]. Il sito deve la sua importanza alla posizione di controllo sull'Alto Lario e sulla via della Valsassina.

Da Dervio la strada rivierasca proseguiva per Corenno Plinio, Mondonico, Piona, fino ad entrare nella piana di Colico: fu per questa strada che nel XVI secolo i Lanzichenecchi scesero nel Ducato di Milano.

In alternativa, Colico poteva essere raggiunto anche da Aveno, in Valvarrone, attraverso sentieri montani lungo le pendici del monte Legnoncino, per Agrogno o Sommafiume; di certo però in questo caso non si trattava di una via carrabile, ma di sentieri e mulattiere a carattere locale per le comunicazioni a corto raggio, legate probabilmente

Fig. 37. Dervio, loc. Castelvedro. Particolare della muratura del castrum tardoantico-altomedievale.

all'attività dell'allevamento ovino e bovino e alla pratica dell'alpeggio.

Dalla Valsassina, inoltre, si poteva raggiungere direttamente la Valle di Esino attraverso il Passo del Cainallo (1296 m slm.), mentre da Introbio e da Premana, in cima alla Valvarrone, due tratturi conducevano direttamente in Valtellina, a Morbegno, valicando i 2092 m slm della Bocchetta di Trona e scendendo lungo la valle del Bitto. Da numerosi dati documentari si evince che, fino al XVII secolo, questa fu una delle vie più frequentate per i trasferimenti diretti da Milano alla Valtellina[198].

L'importanza da attribuire alla viabilità di questo settore per l'età romana, comunque, rimane limitata. Il silenzio delle fonti letterarie antiche, che quando trattano del Lario considerano esclusivamente il ramo comasco, i pochi ritrovamenti archeologici riferibili ad età imperiale, concentrati per lo più in pochi insediamenti perilacustri, la difficoltà dell'ambiente naturale suggeriscono l'immagine di una rete di comunicazioni a portata locale, probabilmente con strutture non carrabili, funzionale a commerci su scala ridotta e a spostamenti di limitata intensità e lunghezza.

Diversamente, invece, il riconoscimento di numerose strutture fortificate d'età tardoromana e altomedievale lungo i principali assi viari permette di supporre un ben diverso ruolo del Lario orientale, a partire dal V secolo d.C. e almeno fino alla fine del regno longobardo.

Innanzitutto sicuramente attivo durante il VI secolo e probabilmente nei successivi, almeno fino al X secolo, era il castello-ricetto di S. Stefano a Lecco, oggi in proprietà Dubini. Un'epigrafe ivi rinvenuta non lascia dubbi in proposito[199]: essa ricorda la sepoltura all'interno della chiesa di S. Stefano[200] di un "*Vigilius presbiter*", avvenuta nell'anno 535 d.C., sotto il consolato di Paolino. Prende corpo, per analogia con la situazione del non lontano *castrum* di Laino Intelvi, l'ipotesi che si tratti di un'intervento "privato", anche se in accordo con il potere centrale, da parte della Chiesa locale in un periodo di forte pericolo e di relativa mancanza di controllo sul territorio, durante la fase culminante della guerra greco-gotica.

Scavi recenti, inoltre, hanno individuato sulle pendici del monte San Martino un insediamento rupestre di breve durata, con funzioni probabilmente di ricetto, la cui frequentazione è datata dal materiale in associazione all'inizio del VII secolo[201].

Fig. 38. Lecco, castrum di S. Stefano. Particolare della cinta muraria esterna.

Ugualmente importante doveva essere la funzione della Chiusa di Bajedo, la cui prima memoria è in una donazione degli imperatori Ugo e Lotario, del 936, se non altro per la sua posizione di indubbio valore strategico[202] a sbarramento della Valsassina, così come, verso Bellano, quella della fortificazione di S. Ambrogio di Perledo, già ricordata, la cui posizione sopraelevata rispetto alla zona circostante permetteva un rigido controllo del centrolago.

Fig. 39. Galbiate, Monte Barro. Il grande edificio dell'insediamento fortificato d'età gota.

Complessivamente, quindi, l'evidenza archeologica, la presenza di insediamenti certamente altomedievali, alcuni indizi derivanti dalla situazione della zona in età medievale che attestano l'importanza della viabilità del Lario orientale nelle lotte tra Milano e Venezia e con i Grigioni, fanno ritenere che la rete di comunicazioni della sponda orientale del Lario abbia mantenuto, con la conquista longobarda, l'importanza che probabilmente ebbe in età tardoromana, se non addirittura che tale importanza sia venuta aumentando in funzione dei collegamenti con i passi alpini del Chiavennasco.

Una rete di fortificazioni come quella identificata in precedenza, in rapporto perlomeno visivo con le fortificazioni della sponda opposta del Lario, non può che individuare nella via d'acqua lacustre e nelle vie terrestri ad essa succursali un tessuto fondamentale per le comunicazioni della Lombardia settentrionale e di Milano con l'Oltralpe.

L'importanza attribuita alla difesa di questa porzione di territorio durante l'Altomedioevo trova inoltre ennesimo riscontro nella rete di punti forti distribuiti lungo il corso dell'Adda a sud di Lecco, riconosciuti ed indagati a Garlate, S. Maria della Rocchetta e Coronate, fino a Trezzo d'Adda[203]. Essi rivestivano il duplice ruolo di *claustrum* interno, lungo il confine tra territori regi e ducato di Bergamo, e probabilmente di controllo della via di penetrazione fluviale e terrestre tra Lario orientale e alta pianura del Po.

---

[176] Tab. Peut., Segm. IV, 2.

[177] Gli studi sulla viabilità generale del Lario orientale muovono essenzialmente da PENSA 1977. Del tutto da dimostrare la navigabilità dell'Adda, che rappresenterebbe in tal caso un formidabile asse di penetrazione dalla pianura del Po al cuore delle regioni alpine. Forti dubbi pongono, soprattutto, le forti rapide nei dintorni di Paderno, che però avrebbero potuto essere aggirate con un breve percorso pedonale.

[178] LURASCHI 1977.

[179] Sulla romanità di Lecco e i ritrovamenti in territorio comunale si veda BORGHI 1971.

[180] Per i ritrovamenti archeologici effettuati in passato nelle località suddette, si veda *Carta Archeologica 1994*, nn. 236-244; n. 326; n. 25; nn. 113-115.

[181] BARELLI 1876, p. 4; BALBIANI 1957.

[182] Si vedano le considerazioni in *Carta Archeologica 1994*, pp. 143-146. Le necropoli più significative databili ad età celtica o tardo-celtica (La Tène C – La Tène C/D) sono state individuate a Esino Lario e in Valsassina, tra Barzio, Introbio, Pasturo e Casargo. Cfr. pp. 146 ss.

[183] BERTOLONE 1939, pp. 241-242. Il sito risulta frequentato soprattutto da popolazioni galliche durante il II e il I secolo a.C.

[184] CIL V, 5204

[185] POGGI 1888, p. 23 ss.

[186] Sulle fortificazioni romane, o presunte tali, in Valsassina si veda PENSA 1977, pp. 165-180.

[187] GIUSSANI 1905, p. 394 ss.

[188] PENSA 1977 pp. 180-181.

[189] *Carta Archeologica* 1994, pp. 360-361, nn. 229-233.

[190] *Carta Archeologica* 1994, pp. 347-349, nn. 123-140.

[191] PENSA 1970-73. Lavori d'insieme sulle fortificazioni altomedievali sul Lario, tra le quali anche il castello di S. Ambrogio, in BROGIOLO-CASTELLETTI 2001, pp. 90-102, e DOLCI 2002, in cds.

[192] DE MARCHI 1999, p. 119.

[193] PENSA 1977, pp. 187-189. Si segnala un generico rinvenimento di "armi romane", oggi perdute, di cui non rimane documentazione alcuna.

[194] Per l'attività mineraria in Valsassina durante l'età moderna si veda TIZZONI 1991. Una fornace per la lavorazione dei metalli è stata rinvenuta recentemente a Premana (cfr. LORENZI 1995/97).

[195] PENSA 1977, p. 158.

[196] Sulla rocca di Bagnala PENSA 1977, pp. 176-177. Il sito è nominato per la prima volta in un documento dell'anno 814 d.C. Sul Castelvedro di Dervio PENSA 1974.

[197] La datazione del sito ad età goto-bizantina è stata ipotizzata sulla base di confronti tecnici e in seguito ad una campagna di ricognizioni di superficie. Si veda DOLCI 2002, in cds.

[198] PENSA 1977 p. 154.

[199] CIL, V, 5214. Cfr. MONNERET DE VILLARD 1912, p. 138 n. 146. Solo dopo il X secolo i dati documentari indicano uno spostamento della fortificazione in località Castello.

[200] La chiesa è nominata nel *Liber Notitiae Sanctorum Mediolani*, 344 D.

[201] BRAMBILLA ET ALII 1991; BROGIOLO-CASTELLETTI 2001, pp. 287-307.

[202] CDL col. 933.

[203] Cfr. BROGIOLO 1997, pp. 69-70 e BROGIOLO - CASTELLETTI 2001, pp. 94-97.

Dal Varesotto ai valichi della Raetia Centrale

La regione dei laghi prealpini che occupano le colline moreniche tra Lario e Verbano ha costituito nell'antichità un'area di forte popolamento, secondo caratteristiche che si sono sempre mantenute stabili. La strutturazione amministrativa preromana riferibile all'*ethnos* celtico degli Insubri, che Polibio definisce *kata komas*[204], si basava su piccoli e medi insediamenti sparsi nel territorio, organizzati in una struttura sociale familiare o di clan. Tali *vici et pagi*, secondo la definizione romana, sfruttavano il bosco e i pascoli in una economia di breve raggio, a portata locale[205].

Come già sottlineato in precedenza, anche per questo territorio i tempi e i modi della romanizzazione paiono essersi sviluppati con un metodo che non intese obbligare la popolazione locale ad usi e costumi non propri, ma che integrò e gradatamente impose la componente romana in virtù della sua superiorità tecnica ed economica.

Solo nelle aree più interne e meno aperte ai commerci con la pianura resistettero più a lungo caratteri di conservatorismo culturale, specialmente negli utensili d'uso comune o legati al rituale funerario, cui l'apporto di novità da parte dei Romani non poteva che essere limitato[206].

Alla luce delle emergenze archeologiche attuali, sembra che anche dal punto di vista insediativo si mantenne nel territorio la situazione precedente, con abitati medio-piccoli distribuiti in maniera piuttosto capillare lungo le direttrici di traffico. Emergono solamente alcuni centri, come sede di empori o base di traffici transalpini (il porto di Angera[207] o il fondaco di Muralto[208]), o per il loro ruolo politico-amministrativo di sedi di *vicus* (Brebbia, Somma Lombardo, Montonate).

Il territorio divenne, quindi, base di partenza o area di passaggio per una distribuita rete di comunicazioni che si dirigevano dalla media pianura alle regioni transalpine.

In realtà nessuna fonte antica cita tra *Mediolanum* e il Basso Verbano o il Ceresio l'esistenza di strade. Non ne parla nessuno degli *itineraria scripta* imperiali; non le rappresenta la *Tabula Peutingeriana*, sebbene indichi il Verbano, per la sua importanza in qualità di specchio lacustre navigabile[209]. Nemmeno in letteratura se ne fa menzione.

Nei fatti però, la situazione dovette essere ben diversa, come si deduce chiaramente dai ritrovamenti archeologici della zona, oltre che da qualche relitto toponomastico ancora presente nel territorio o tramandato dalla cartografia e dalla letteratura bassomedievale e di età moderna.

Una presenza umana tanto capillarmente diffusa nel territorio, come emerge dai ritrovamenti archeologici che si susseguono da quasi due secoli, necessitava senza dubbio di vie di comunicazione funzionali e di facile utilizzo, attraverso le quali si potessero svolgere sia i commerci regionali, sia quelli di portata più ampia, tanto che si trattasse di importazione di beni di consumo quanto di esportazione di prodotti locali, specialmente materie prime.

Il silenzio delle fonti può significare, invece, che non ci troviamo in presenza di strade legate giuridicamente all'autorità statale. Secondo la modalità più diffusa in tutta la pianura padana, a quanto attestano i rari casi in cui è stato possibile verificare direttamente sul terreno la tecnica edilizia di manufatti stradali[210], si tratterebbe anche in questo caso di vie "*glarea stratae*": sopra un *rudus* in materiale incoerente venivano deposti uno o più strati di ghiaia compattata, che costituiva il *sedimen* della strada ed era facilmente ripristinabile e restaurabile in caso di dissesti[211].

1- La via Mediolanum-Verbanus.

Il primo e più importante tracciato, considerando la gerarchia degli insediamenti della zona, doveva condurre dal centro politico ed economico dell'intera pianura a nord del Po, *Mediolanum*, al *Verbanus lacus*, correndo lungo la valle del fiume Olona nel suo corso mediano, dove fu poi tracciata la via per il passo del Sempione[212].

La strada usciva da Milano dalla porta Giovia[213], alla quale è da riferire l'epigrafe in CIL V, 5872, che attesta un *collegium* di addetti al trasporto pesante che qui aveva sede. Non è comunque possibile asserire con certezza se tale corporazione servisse la via per il Verbano o piuttosto se l'iscrizione si riferisse ad addetti ai trasporti verso le Alpi lungo la via delle Gallie, in direzione di Novara e della Valle d'Aosta, dato che nel testo si cita insieme alla Porta Giovia anche la Porta Vercellina da cui si originava il primo tratto della grande via transalpina.

Seguendo l'antico corso dell'Olona, oggi rettificato e coperto, la strada si dirigeva verso l'attuale abitato di Pero: qui la carta IGM f. 45, IV SE riporta la significativa indicazione di un "Molino Strada", denominazione rintracciabile già negli elenchi degli itinerari pastorali di San Carlo Borromeo, del XVI secolo, con la dicitura "*molendinum dictum ad stratam regiam*"[214]; poi, attraversate Rho e Nerviano[215], giungeva a Parabiago.

Questo centro, sulla base della documentazione archeologica rinvenuta a partire dal XIX secolo, rivestiva un ruolo probabilmente non secondario nella zona[216]; vi sono infatti attestati numerosi ritrovamenti d'ambito funerario, con materiali di pregio e d'importazione, quali anfore spagnole e rodie, terra sigillata aretina; nel 1907 si rinvenne fortuitamente anche una *lanx* in argento, con rara raffigurazione legata al culto di Attis, lavorata a sbalzo e al bulino[217].

Da Parabiago la *Mediolanum-Verbanus* proseguiva fino a Legnano risalendo la sponda sinistra dell'Olona lungo il secondo terrazzamento del fiume. In questo tratto infatti la valle non è molto profonda, tuttavia, rispetto al tratto precedente completamente in pianura, corre tra rive più alte, nelle quali l'erosione ha creato due terrazzamenti successivi che costituiscono ancor oggi la sede più idonea per lo svolgersi della viabilità, al riparo delle non più frequenti ma ancora distruttive piene improvvise del fiume[218].

Dopo aver attraversato l'attuale comune di S. Vittore Olona, dove la presenza umana è documentata da due nuclei sepolcrali d'età imperiale[219], si giungeva a Legnano.

Legnano

I ritrovamenti d'ambito funerario[220], disposti a raggiera intorno all'attuale centro urbano, indicano che questa doveva essere la sede principale dell'insediamento. I dati archeologici raccolti nel primo dopoguerra e nell'ultimo decennio[221] testimoniano un livello culturale ed economico piuttosto elevato per un ambiente rurale, con sepolture spesso ricche e che abbracciano un ambito cronologico molto ampio, dall'età della romanizzazione fino alla tarda romanità.

Fig. 40. Patera in argento da Parabiago.

Solo sporadicamente si rinvengono invece tracce di strutture abitative[222], che evidenziano tecniche e tipologie edilizie di ambiente rurale.

L'insediamento doveva occupare tutto il primo terrazzo in riva destra del fiume Olona, creando una sorta di alternanza tra aree abitative e necropolari, fino all'attuale comune di Castellanza a nord e di Canegrate a sud: i ritrovamenti, infatti, si distribuiscono uniformemente e senza soluzione di continuità, in barba ai moderni confini comunali e provinciali.

La via per il Verbano, comunque, giungeva di direttrice stradale come tratto di una strada antica, forse un diverticolo della nostra *Mediolanum – Verbanus*[224].

Lungo l'asse stradale principale si raggiunge quindi Castegnate di Castellanza, nei cui pressi il tracciato principale doveva superare l'Olona, deviando in direzione di Busto Arsizio.

L'Amoretti[225] ricorda che ancora alla fine del secolo XVIII la strada attraversava il fiume su un ponte in muratura a Castellanza, per poi dirigersi a Busto Arsizio, dov'era ubicata una stazione di posta e per il cambio dei cavalli. Lo stesso ponte di

Fig. 41. Corredo funerario da Canergate (MI). I sec. d.C.

fronte a Legnano sulla sponda opposta dell'Olona, ed è proprio lungo i terrazzi più alti di questo versante che recentemente sono emersi nuovi indizi che avvalorano tale ricostruzione. Durante lo scavo di una necropoli di età imperiale in località Casina Pace, già nota dalla scoperta di alcune tombe negli anni Cinquanta del secolo scorso[223] ed ora indagata in estensione, si è notato come le oltre 150 sepolture si distribuissero con un andamento che segue l'antica via del Perello, in uso come via da Legnano verso il Saronnese fino alla costruzione dell'attuale Strada Statale del Sempione. Questo fattore può forse avvalorare il riconoscimento della

Castellanza è già visibile in una carta della pieve di Olgiate Olona, poi Busto Arsizio, del secolo XVI, e potrebbe quindi riferirsi ad una situazione viabilistica molto precedente.

Dove fosse il ponte non è noto; la situazione geomorfologica, con un abbassamento del terrazzo fluviale, e gli unici due ritrovamenti di edifici presso l'Olona indicano la più probabile ubicazione nei pressi dell'attuale ponte sulla strada del Sempione[226].

Verso nord-ovest l'esiguità dei ritrovamenti archeologici noti a Busto Arsizio, tutti situati presso le odierne frazioni di Borsano e Sacconago[227], a sud

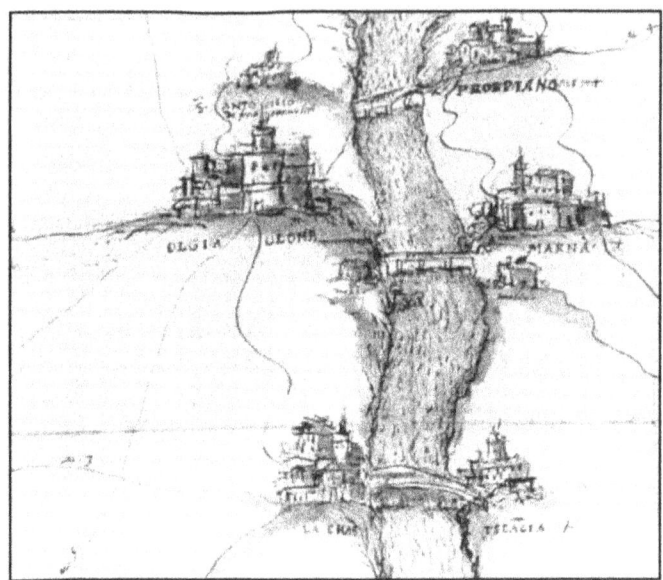

Fig. 42. Particolare dalla Carta della Pieve di Olgiate (XVI sec.). In basso il ponte sull'Olona a Castellanza

del centro attuale, conforta l'ipotesi che la strada proseguisse nella brughiera, attraversando una fitta zona boschiva ancora visibile su alcune carte dell'inizio del XIX secolo[228], fino a raggiungere Gallarate.

Qui, invece, abbondante è la presenza di testimonianze legate alla romanizzazione e alla piena età romana[229], così come alla prima età altomedievale, come centro di cristianizzazione della zona[230].

E' ipotizzabile che già in età romana Gallarate costituisse un importante snodo viario, perché da qui era possibile imboccare la direttrice che risaliva la valle dell'Arno, addentrandosi verso il pedemonte.

In direzione nord-ovest invece la via per il Verbano proseguiva attraverso le località Bettolino, Monte Bello e Cascina Masnaga, lambendo l'insediamento di Arsago Seprio, la cui frequentazione è attestata dall'ultimo periodo celtico[231] fino all'età longobarda[232] e più tardi come pieve del Seprio.

In aggiunta, nel 1994 vi è stato individuato un tratto di via glareata, il cui strato inferiore, in piccoli ciottoli e con evidenti segni del passaggio di carri, è stato attribuito ad epoca romana[233]. Inoltre, nel battistero di S. Giovanni sono reimpiegati due cippi romani anepigrafi, che per dimensioni e forma potrebbero essere identificati come pietre miliari[234] o di segnaletica stradale; di essi non è comunque possibile individuare la provenienza, tanto più che il trasporto di materiale lapideo per il reimpiego in età medievale è largamente attestato anche su scala transnazionale.

Più oltre si giungeva a Somma Lombardo, sede di *vicus*[235].

Vicus Votodronum

Copiose sono le attestazioni di frequentazione antropica dell'insediamento. All'ingresso dell'abitato, in località Mezzana, sono state messe in luce una necropoli dell'età della romanizzazione e due di prima età imperiale[236], mentre più recentemente sono state rinvenute anche sepolture alla cappuccina, che si datano per i corredi in associazione e per la tipologia alla tarda romanità; si aggiunge un tratto di strada acciottolata, larga 5,40 m, con due rotaie dovute al passaggio di carri, distanti 1,20 m ciascuna[237]. Il *sedimen* stradale, costituito da ciottoli fluviali legati da argilla con

Fig. 43. Somma Lombardo (VA). La strada romana per il Verbano in corso di scavo.

cunette laterali di scolo per le acque, fu certamente risistemato in più occasioni, ma la presenza di qualche frammento ceramico indubbiamente romano sembrerebbe indicare la più antica strutturazione durante la primissima età imperiale.

Se ne fosse confermata la romanità, il ritrovamento avvalorerebbe l'ipotesi per cui le vie *glarea stratae* venivano gestite dalla comunità locale, che poteva, di propria iniziativa, provvedere alla lastricatura in corrispondenza di tratti urbani o quando la difficoltà del terreno lo richiedesse[238].

Guadato il torrente Strona, probabilmente presso l'insediamento fortificato di Monte Sordo[239], si puntava attraverso le colline di Golasecca, per la località Gruppetti, su Sesto Calende.

La ricerca archeologica condotta nell'ultimo quindicennio in questa località dalla Soprintendenza Archeologica della Lombardia ha definitivamente dimostrato come Sesto presenti continuità abitativa dalla prima età del Ferro a tutta l'età romana[240], per poi essere centro religioso[241] e sede di mercato durante l'Altomedioevo[242].

Da questa località, dove si è ipotizzata la presenza di una sculdassia longobarda[243], si doveva poi proseguire per Angera, che costituiva la base di partenza per i traffici con *Bilitio* attraverso la via d'acqua del Verbano e con la *Retia* attraverso i valichi del Lucomagno e del S. Bernardino. La via più breve pare quella che scavalca le colline di Taino e da qui giunge ad Angera, come conferma la posizione di numerosi ritrovamenti di sepolture, disposti lungo la strada che da Taino scende verso il lago[244].

L'insediamento di Angera, identificato da molti studiosi con il *vicus* di *Stationa*[245], ricordata dall'Anonimo Ravennate[246], ma il cui nome nella letteratura archeologica rimane tradizionalmente legato al *Vicus Sebuinus*[247], era il centro principale in tutto il comprensorio del Ticino[248] e conobbe una lunga frequentazione, fino a tutta l'età tardoantica e oltre, seppur in tono minore.

Fig. 44. Angera (Va). Ara alle *Matronae*.

Certamente fino ad oggi rappresenta il centro in cui i rinvenimenti archeologici sono stati più copiosi; le necropoli e le strutture abitative identificate in oltre trent'anni di ricerche lo fanno supporre l'abitato di maggiori dimensioni della sponda orientale del Verbano, centro economico e produttivo di grande importanza, dove avevano sede officine di produzione artigianale, specialmente ceramiche. Esse esportavano i loro prodotti utilizzando il sistema di vie d'acqua rappresentato dal bacino idrografico del Verbano–Ticino, tanto nel suo corso superiore quanto in quello inferiore[249].

La via d'acqua costituita dal Verbano doveva avere quale terminale a nord un fondaco commerciale di portata simile, dove s'intrecciavano l'attività produttiva e di mercato locale, localizzato dal Donati a Muralto[250], presso Locarno. Esso doveva costituire il corrispondente di Angera a monte, e servire tutto il Sopraceneri e gli insediamenti circostanti; la materia di scambio per i mercati centropadani era costituita da legname, cristallo di

Fig. 45. Locarno, necropoli di Cadra (Confederazione Elvetica, Canton Ticino). Vasellame vitreo da contesti funerari. I sec. d.C.

rocca e vasellame vitreo, di cui si sono riconosciute strutture produttive.

2- La via da Mediolanum al Ceresio.

Durante la media età imperiale e specialmente nel tardoimpero crebbe notevolmente l'importanza di un altro tracciato che interessava i traffici dell'area a nord-ovest di *Mediolanum*, verso le regioni transalpine. La via, che già doveva esistere nei primi secoli dell'impero, divenne sotto i Longobardi l'asse di comunicazione principale della zona, che permetteva i rapporti tra l'alta pianura ed il Ceresio.

La strada si staccava dalla via per il Verbano nei pressi di Castellanza, e proseguiva risalendo il corso dell'Olona sulla sponda orientale, per Marnate, Gorla Minore, Gorla Maggiore. La direttrice si individua specialmente sulla base dei numerosi ritrovamenti d'ambito funerario ed epigrafici che sono stati effettuati nell'area a partire dall'inizio dello scorso secolo, mentre non sono mai state riconosciute sul terreno tracce puntuali del tracciato.

A Gorla Maggiore, approfittando di un guado naturale, la strada attraversava il fiume e si portava sull'altra sponda, verso Fagnano Olona e Cairate[251], da dove raggiungeva tramite un percorso di crinale al riparo dalle improvvise piene del fiume, il *castrum* di Castelseprio, di fondazione tardoimperiale. L'insediamento, nato come punto d'avvistamento verso le Prealpi varesine e comasche, visse il suo massimo fulgore con i Longobardi e per la prima età medievale, divenendo centro di riferimento per un ampio *comitatus*[252].

Da Cairate i ritrovamenti archeologici inducono anche a supporre l'esistenza di una bretella, che collegasse l'Olona alla via per il Verbano nei pressi di Gallarate; la direttrice doveva dipanarsi lungo le prime pendici delle colline moreniche di Bolladello e Cassano Magnago[253].

A nord di Castelseprio, invece, la strada principale dell'Olona risaliva fino alla località "Folla di Malnate", da dove s'inoltrava nella Val Ceresio, secondo un percorso poco definibile, lungo il quale anche i materiali archeologici sono sporadici o non in giacitura primaria.

In questo punto del percorso, secondo la tradizione storiografica nata dagli studi di Giampiero Bognetti, si sarebbe unito alla via dell'Olona un tronco stradale proveniente da *Comum*, come prosecuzione ad ovest della via Pedemontana che la Tabula Peutingeriana registra tra Verona e il capoluogo lariano.

L'ipotesi, però, non sembra suffragata da dati concreti: non è da escludere che esistessero mulattiere o sentieri per le comunicazioni locali tra insediamenti, ma né i ritrovamenti archeologici, né le considerazioni storiche indicano la necessità di un manufatto stradale di portata sovraregionale[254].

Assodato, invece, che la strada proseguisse lungo la Val Ceresio, la cui percorrenza dovette essere probabilmente molto antica, dato lo stanziamento in zona di gruppi celtici e i contatti documentati tra essi e mercanti romani già alla fine del II secolo a.C.

La sua importanza, però, crebbe soprattutto in età tardoromana e altomedievale; la documentazione archeologica indica che la valle conobbe una precoce cristianizzazione, con la costruzione ad Arcisate di una chiesa battesimale durante il V-VI secolo d.C. e la presenza di clero stanziale: due iscrizioni sepolcrali datate alla fine del V secolo, relative a presbiteri, furono rinvenute sotto l'altar maggiore della basilica[255]. Inoltre la presenza di alcune fortificazioni di età altomedievale ne sottolinea la vocazione viabilistica, come asse di penetrazione dal Sottoceneri verso la pianura[256].

Raggiunta Porto Ceresio, terminale lacustre della strada, si poteva proseguire per Lugano attraverso la via d'acqua, oppure costeggiare fino a Ponte Tresa e raggiungere la zona del Ceneri con un percorso interamente di via terrestre.

In alternativa, Ponte Tresa era raggiungibile anche attraverso la Valganna[257].

Questa via doveva essere più antica di quella che attraversava la Val Ceresio, sulla base del riconoscimento di siti di frequentazione pre e protostorica, ma dovette essere utilizzata altrettanto

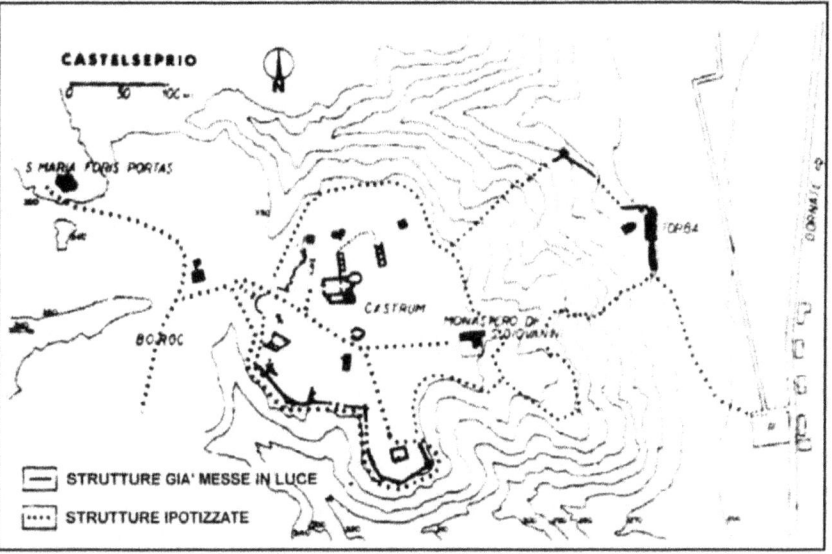

Fig. 46 Castelseprio (Va). **Pianta del castrum tardoantico e medievale.**

a lungo, almeno fino ad età medievale.

La Leggenda di S. Gemolo, datata all'XI secolo, narra infatti che il santo venne assalito ed ucciso dai briganti nei pressi di Ganna, mentre dai Grigioni si dirigeva a Roma; sul luogo dove morì sarebbe stato poi edificato un monastero, a lui dedicato[258].

La via, percorsa la Valganna probabilmente sul versante est, dal quale si poteva anche raggiungere la parallela Val Ceresio attraverso valichi trasversali non agevoli ma di bassa altitudine, doveva scendere su Ponte Tresa attraverso il tracciato trasversale per Marchirolo, Taverna e Gaggio[259].

Un ultimo percorso intravallivo a portata del tutto locale sembra poter essere stato il passo di Brinzio, a nord-est del Campo dei Fiori, dal quale è possibile discendere sia in Valcuvia che in Valganna.

Il dato archeologico più significativo in questa direzione è la scoperta, sul finire del secolo XIX, di una necropoli di grandi dimensioni in località "La Rasa", pochi chilometri a valle del passo[260]; databile ai primi due secoli dell'Impero, con una breve ripresa nel corso del IV secolo, la necropoli documenta come il fenomeno della romanizzazione si fosse compiuto anche in aree poco appetibili o a bassa frequentazione umana, significativamente lungo direttrici di facile penetrazione attraverso le Prealpi.

Il fenomeno insediativo rurale o montano che si registra nel territorio varesino, quindi, sembra indicare che la vocazione viabilistica delle valli pedemontane rappresentò in età romana un elemento di primaria importanza nella dinamica del popolamento, che spesso tenne conto anche della preesistente organizzazione demica.

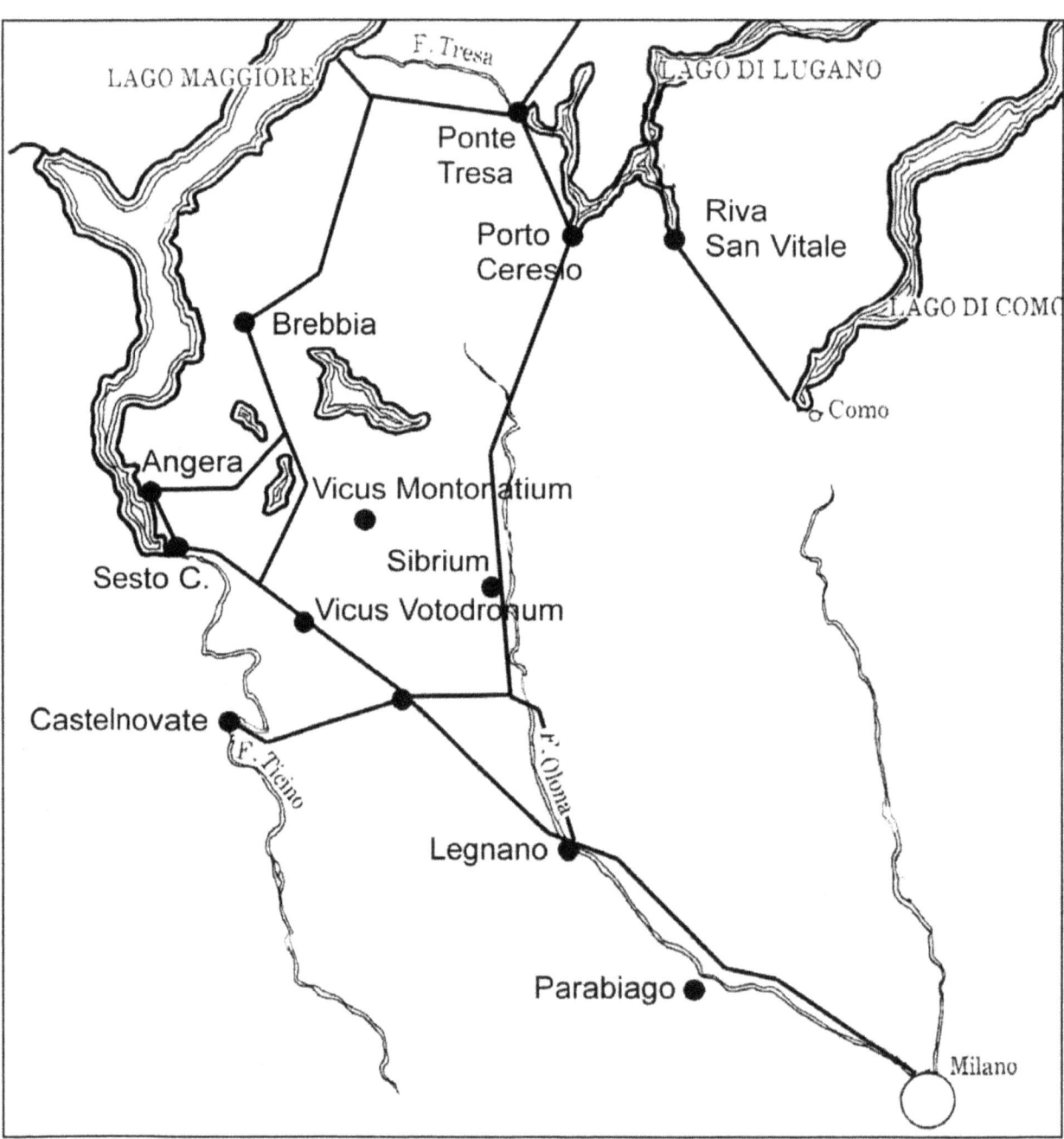

Fig. 47. Carta generale della viabilità tra Mediolanum, il Verbano e il Ceresio, verso il Sopraceneri.

3- Tra il Basso Verbano e il Ceresio Occidentale.

Una terza via di penetrazione attraverso le colline moreniche pedemontane e la regione dei Settelaghi è riscontrabile dal comprensorio di Sesto Calende e Vergiate per il territorio dei laghi di Monate, Comabbio e Varese, fino al Ceresio.

La strada, forse una semplice mulattiera, doveva staccarsi dalla via *Mediolanum – Verbanus Lacus* nei dintorni di Vergiate; scavi recenti e passati, infatti, hanno individuato nell'area la presenza di grandi *villae rusticae* e di una necropoli di III sec. d.C.[261], in località Cimbro, S. Gallo e Oriano Ticino[262]. Le strutture abitative sono dotate di una *pars dominica*, con decorazioni musive, ambienti riscaldati, pitture parietali, e di una *pars rustica*, per il ricovero di animali e servi, edificata in pietra locale legata da malta degrassata piuttosto povera, con pavimenti in battuto.

La via principale risaliva lungo la riva orientale del lago di Comabbio: testimonianze della frequentazione dell'area sono la torre altomedievale di Corgeno[263], che controllava anche i movimenti per via d'acqua, la cui tecnica muraria è molto simile ad edifici coevi dell'area lariana e che conserva materiale lapideo romano reimpiegato, recenti ritrovamenti di necropoli e strutture abitative a Villadosia di Casale Litta[264], edifici tardoantichi individuati a Dobbiate e San Pancrazio[265].

Un documento della prima metà del secolo XIII[266], però, riporta la denominazione di "*via publica*" e di "*strata publica*" per una strada che correva ai piedi della chiesa di San Sepolcro a Ternate e univa Comabbio e Travedona; lo stesso tratto era inserito, tre secoli dopo, nella "*strada mercantescha*" che univa il Milanese e il Pavese alle regioni transalpine.

Dall'analisi della topografia della zona, risulta evidente che si tratta dell'unico punto di passaggio asciutto tra i due laghi di Monate e Comabbio, poiché in posizione leggermente rilevata[267]; si può quindi pensare che, passando di qui, si raccordasse alla via precedente un percorso secondario proveniente da Angera, forse via Capronno, dove furono rinvenute in passato armi "longobarde" e che è ricordata come *curtis regia*[268].

La strada principale lungo il lago raggiungeva Travedona da nord-est[269]; procedeva poi per Brebbia, seguendo una breve via di crinale.

Fig. 48. Vergiate, loc. Corgeno (Va). Torre tardoantica – altomedievale presso la chiesa di San Giorgio.

In questo sito furono rinvenute a più riprese tombe romane[270], organizzate in più nuclei sepolcrali; vi si segnalano numerose are, dedicate a Giove, Ercole, Minerva e alle *Matronae*[271], nonché un'iscrizione, oggi perduta, che avvalora l'ipotesi che l'abitato avesse il titolo di *vicus*[272]. La tradizione, inoltre, riconduce l'edificazione della chiesa plebana di S. Pietro all'opera evangelizzatrice dei santi Giulio e Giuliano, nella seconda metà del IV secolo d.C.[273].

Da Brebbia, attraverso Besozzo[274] e Cocquio[275], evitando le bassure ancor oggi denominate "La palude", s'imboccava la Valcuvia lungo il versante destro.

Su questa sponda la stretta valle, chiusa tra le pendici occidentali del gruppo del Campo dei Fiori e la catena del monte San Martino, doveva essere controllata, per lo meno dalla prima età medievale ma forse anche in precedenza, dalla rocca di Orino, significativamente detta "castel d'arian"[276].

Nei centri della valle i ritrovamenti riferibili ad età antica sono molto sporadici e casuali: l'orografia dell'area, però, mostra come questa sia una via di penetrazione naturale verso l'alto Verbano e il Ceresio.

In età altomedievale risulta fortificato lo sbocco della valle a nord, attraverso il *castellum* di Mesenzana[277] e la torre d'avvistamento di Voldomino[278]; da qui, risalendo per breve tratto la Tresa, si giungeva a Ponte Tresa, da dove ci si inoltrava nel Sottoceneri.

Piuttosto marginale rispetto alle grandi vie di comunicazione transnazionale durante l'età imperiale, un ruolo politico e strategico ben diverso si deve invece riconoscere alla regione varesina, e di conseguenza anche alla viabilità che lo attraversa, in piena età altomedievale.

Se si verifica attentamente la distribuzione delle fortificazioni certamente attive in età barbarica nella zona compresa tra la riva lombarda del lago Maggiore, la Val Ceresio e il limite meridionale delle colline prealpine, non si può non notare come esse descrivano chiaramente una nuova attenzione da parte dell'autorità territoriale locale ad alcune direttrici viarie ben definibili, che vengono controllate accuratamente.

Innanzitutto, a nord sono difese le imboccature tanto della Valcuvia, con le torri di Voldomino e Mesenzana, quanto la Val Ceresio, con l'imponente complesso del Castellaccio di Cuasso. Ciò può presupporre una comunicazione diretta attraverso la Valcuvia con il Basso Verbano, dove, decaduta Angera-*Stationa*[279], era però presente una corte regia, e da dove si poteva sicuramente giungere con poca difficoltà ai nuovi importanti centri di Castelnovate e Pombia[280]; ugualmente la Val Ceresio trova la sua continuità geografica nella valle dell'Olona, passaggio obbligato verso *Sibrium*, che veniva a costituire una sorta di *claustrum* interno per lo sbarramento militare e doganale da e verso le regioni sotto il controllo dei Franchi.

La toponomastica, inoltre, testimonia un'abbondanza particolarmente significativa di toponimi riconducibili ad età longobarda in tutta la zona ad nord del lago di Varese, e a est del lago di Comabbio[281]. Si aggiunge la presenza, sicuramente ad Arcisate, a Varese, Sumirago, Cassano Magnago e Castelseprio, di chiese battesimali fondate in quest'età, che testimoniano una importante crescita demografica della zona[282].

La situazione di età posteriore, infine, conforta queste considerazioni. Tra X e XII secolo nei pressi di Varese, che era ormai divenuta importante nodo viario, esistevano due complessi fortificati significativi, come il castello di Belforte[283], verso est, e quello di Masnago-Velate verso ovest[284], a sottolineare come durante l'età barbarica le direttrici delle comunicazioni della zona si fossero decisamente modificate, con un'attenzione maggiore per tutto il sistema viario tra Ceresio e Verbano. E' in quest'età,

Fig. 49. Casale Litta, loc. Villadosia (Va). Tomba ipogea ad incinerazione. I sec. a.C.-I sec. d.C.

ad esempio, che la via da Velate alla Valcuvia per le pendici del Campo dei Fiori divenne probabilmente una delle più usate ed importanti, tanto da mantenere tale ruolo per un lunghissimo periodo.

Indubbiamente era mutata drasticamente la situazione politica, in modo che il nuovo confine settentrionale dell'intera *Longobardia* si veniva a trovare ben più a sud che non in età precedente; di conseguenza tutta l'area era oggetto di una maggiore attenzione da parte dell'autorità centrale.

Non è fuori luogo, a questo proposito, ricordare l'unico fatto militare accaduto in zona e tramandato dalle fonti letterarie: nell'anno 589-590 d.C. i Franchi, spintisi oltre Bellinzona per attaccare il regno longobardo, vennero tradizionalmente fermati presso il passaggio sul fiume Tresa[285]. Che realmente lo scontro sia avvenuto qui o altrove, di fatto proprio dal tardo VI secolo si assiste al fenomeno già descritto di controllo delle strade che dal Ceresio scendevano verso la pianura.

La situazione viaria della zona, dunque, acquisì grande valore ed interesse, e tale si mantenne durante tutto il Medioevo: non è possibile infatti spiegare altrimenti l'amplissimo fenomeno di incastellamento verificatesi nell'Alto Varesotto e di presso al Verbano nei secoli successivi all'VIII[286].

4- Da Ponte Tresa a Bilitio: il valico del Monte Ceneri.

Numerosi rinvenimenti archeologici, sia d'ambito funerario che insediativo, indicano con buona sicurezza che la direttrice di penetrazione dal Varesotto verso il Sopraceneri era costituita durante la romanità della valle di Vedeggio; si sfruttava la bassa quota del passo di Monte Ceneri per raggiungere il locarnese e *Bilitio* con una percorrenza completamente terrestre.

I dati archeologici sembrano attestare una frequentazione stabile della zona a partire dalla fine del I secolo d.C.: se solo al III secolo d.C. risale l'edificazione di una ricca villa rustica a Bioggio[287], la necropoli a cremazione di Mezzovico si data almeno ai due secoli precedenti[288]. Scavi recenti, inoltre, hanno individuato accanto all'edificio di Bioggio un piccolo tempio su podio, con resti di decorazione architettonica in marmo[289], il cui inquadramento cronologico è incerto, ma certamente riferibile ad età imperiale: tale struttura fa ipotizzare per il piccolo centro una qualche organizzazione urbanistica, con edifici di diversa funzionalità.

Non si può dire con certezza dove corresse il manufatto stradale, ma è del tutto plausibile che coincidesse con la successiva struttura di età medievale e con l'attuale viabilità cantonale. Nella parte meridionale la morfologia della valle, abbastanza larga e con pendici piuttosto dolci, non esclude che la strada si appoggiasse leggermente in quota per sfuggire le saltuarie piene del torrente Veduggia che scorre sul fondovalle; ma nel settore settentrionale i versanti si stringono e le pareti s'inaspriscono, così da obbligare il transito sullo stretto fondovalle.

Ridiscesi sull'alta valle del Ticino, tra Locarno e *Bilitio* ci si innestava con ogni probabilità sulla via proveniente dal Verbano.

Nel dintorni di Locarno, infatti, si segnalano numerosi nuclei insediativi, documentati in negativo da rinvenimenti sepolcrali, che potevano essere comodamente raggiunti attraverso il lago; il terminale a monte della via lacustre, ad ogni buon conto, risulta da ubicare nell'attuale frazione di Muralto[290], come già suggerito.

Considerando con attenzione la geomorfologia dell'attuale territorio ticinese, in realtà, si avvalora l'interpretazione dei dati materiali, noti da un buon numero di rinvenimenti.

In generale il Sottoceneri, aperto a sud verso la fascia pedemontana e la pianura, sembra caratterizzato da una dipendenza economica e di scambio con *Comum*, di cui costituisce il retroterra rurale; i ritrovamenti non sono molto frequenti, e per lo più sparsi e sporadici, ma attestano comunque un popolamento diffuso capillarmente attorno a piccoli abitati e *villae rusticae* (Morbio Inferiore, Stabio, Bioggio). I centri principali, sulla base della tipologia e della funzionalità degli edifici riconosciuti, risultano Mendrisio, Riva S. Vitale, Gravesano.

5- I valichi alpini della Raetia centrale: il San Bernardino, il Lucomagno e il problema del Gottardo.

Il Sopraceneri ticinese è caratterizzato da profonde valli glaciali afferenti al vasto bacino idrografico del fiume Ticino, fino all'immissione nel Verbano. Questa situazione ha certamente obbligato l'insediamento umano sul fondovalle; di norma sono stati occupati i terrazzi più alti della valle fluviale, o alcune colline nate dalla sedimentazione naturale, come nel caso di Bellizona.

Dopo l'organizzazione provinciale augustea, almeno fino all'altezza dell'insediamento di *Bilitio* il Sottoceneri dovette dipendere amministrativamente da *Mediolanum*, anche se le prove archeologiche di tale rapporto giuridico sono piuttosto labili[291]. Il territorio subì una notevole accelerazione del processo d'acculturazione da parte della nuova componente romana, che sfruttava la via di penetrazione naturale del Verbano-Ticino per convogliare presso i centri indigeni prodotti d'importazione. Piuttosto numerose le produzioni mediopadane e italiche, specialmente in terra sigillata, presenti negli scavi urbani e di necropoli sia nel Locarnese che intorno a Bellinzona, ma ben documentate anche le anfore e vasellame fine da mensa. Certamente l'area diventa durante il I secolo d.C. luogo di produzione di alcune forme ceramiche, ben distribuite nel comprensorio ticinese fino all'asse padano[292].

Lungo l'alta valle del Ticino settentrionale si individuano per questo periodo numerosi contesti archeologici significativi, come le necropoli di Giubiasco e Carasso e l'insediamento di Bellinzona, le cui associazioni di materiali segnalano anche in questo caso una preferenza per le importazioni dall'area padana[293].

Nel proseguire verso nord, i non numerosi dati archeologici indicano nella valle della Moesa la direttrice di penetrazione privilegiata per la *Raetia* interna. Contesti funerari di piena età imperiale sono noti a Roveredo-San Giulio, Calanca-S. Maria, Calanca-Castaneda, Cama e Mesocco, dove è stato identificato anche un piccolo abitato montano[294].

E' questa la via che porta più velocemente e direttamente a *Curia*, attraversando la catena alpina tramite il passo del San Bernardino e congiungendosi poi lungo l'alta valle del Reno con la strada proveniente dal Passo Spluga.

Pochi sono, ad ogni buon conto, i dati materiali che indicano per la Mesolcina una rotta commerciale ben trafficata; sporadiche sono le attestazioni di ceramica d'importazione, a vernice nera, a vernice rossa interna o di anfore; mai sono stati rinvenuti tratti chiaramente riferibili alla sede stradale romana.

Solo per la tarda antichità e i primi secoli del Medioevo è archeologicamente documentata una fortificazione di sbarramento stradale, un *vallum*,

Fig. 50. Coppa in terra sigillata gallica, firmata da Cibisus. Madrano, tomba 1/1957.

impostato per oltre 60 metri al di sotto della collina di S. Maria al Castello; con ogni probabilità va riferita al sistema difensivo limitaneo attivo sul versante meridionale delle Alpi tra V e VII secolo[295].

E' stato inoltre suggerito in più occasioni che fossero utilizzati anche alcuni valichi della Val Leventina; in particolare, che con un percorso più lungo ma meno erto e difficile, fosse possibile valicare le Alpi al Lucomagno, posto a quota relativamente bassa, per poi scendere a Illanz e raggiungere *Curia* attraverso la pianeggiante valle del Reno Anteriore.

Se da un lato la morfologia del Val di Blenio e la ben nota frequentazione di epoche posteriori alla romanità apportano elementi a favore di questa ipotesi, dall'altro la scarsità di rinvenimenti archeologici induce a ritenere necessaria la dovuta cautela.

Dibattuto da decenni l'utilizzo del Passo del Gottardo; data la notevole altitudine, la difficoltà dell'ascesa per l'erto pendio, i miseri dati archeologici riconoscibili, il valico sembrava poter essere stato utilizzato solo sporadicamente, e comunque tramite una via esclusivamente pedonale.

Particolare, però, risulta in questo panorama il ritrovamento di una ricca necropoli a Madrano, poco distante da Airolo, dove ha origine la Leventina, che ha suggerito nuove considerazioni su questo comparto territoriale[296].

In un ambito caratterizzato da un forte conservatorismo culturale, specialmente nel costume funerario e nell'abbigliamento[297], non mancano però oggetti d'importazione, sia tra il vasellame che tra gli ornamenti personali. Se da un lato la preponderanza di importazioni di produzione padana conferma un legame più diretto dell'alta valle Leventina con le regioni meridionali, rafforzando l'ipotesi di una scarsa frequentazione dei valichi circostanti[298], la presenza di terra sigillata gallica, tra cui una bella coppa firmata da *Cibisus*[299] e una rara olletta a rivestimento argilloso[300], non permette di ignorare categoricamente l'evidenza di utilizzo, legato indubbiamente alla stagionalità, dei percorsi vallivi direttamente collegati con le regioni interne.

Si può forse supporre che tale passaggio fosse legato alla pratica dell'alpeggio, alla luce della documentata attività di allevatori della popolazione madranese[301], oppure al trasporto di beni e

Fig. 51. Madrano, tomba 7/1957. Fibule. Seconda metà del II sec. d.C.

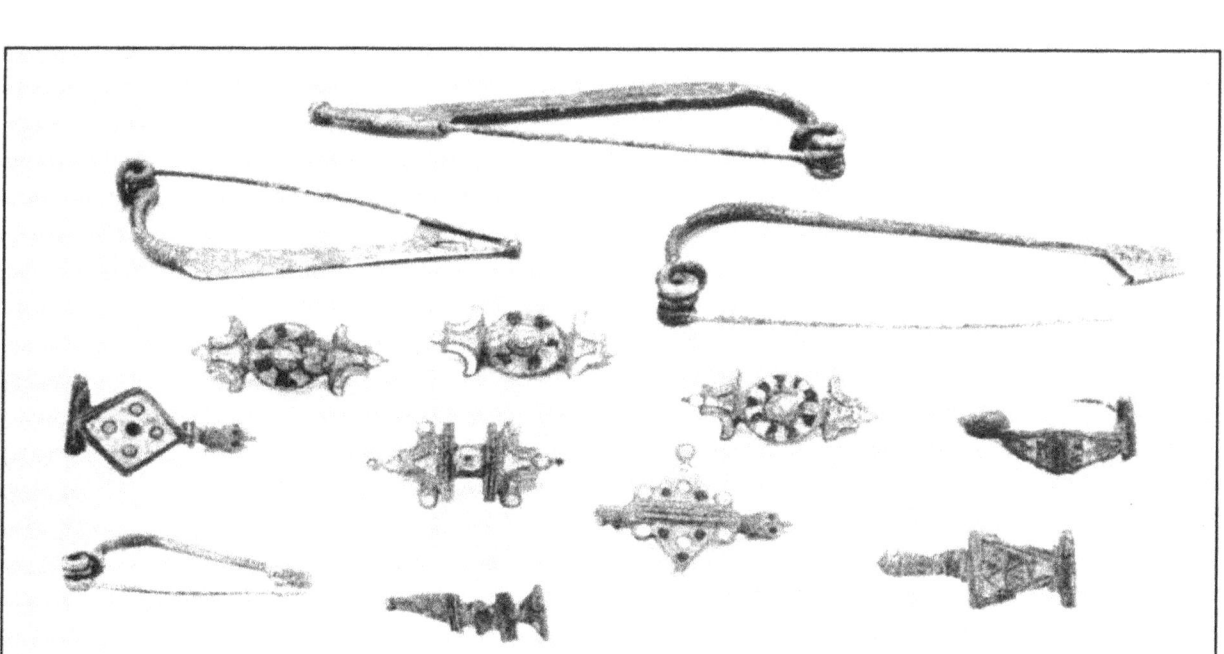

viaggiatori lungo gli ardui percorsi alpini locali, ma certamente non si può negare un forte legame culturale con l'Alto Vallese. Significativamente anche in questo caso si deve annotare come le importazioni galliche si datino alla seconda metà II-inizio III secolo d.C., quando in tutto il comprensorio alpino centrale si assiste ad un ristagno dei rapporti economici con le regioni meridionali a vantaggio di quelle est-galliche. L'attardamento, rispetto ai contesti ticinesi più meridionali, di alcune forme ceramiche padane si giustifica nel conservatorismo di quest'area chiusa tra monti, ma non significa che i contatti con il sud fossero rimasti ben attivi.

All'ipotesi di un percorso di valico attraverso il Gottardo, forse sporadicamente frequentato alla luce del rinvenimento sul passo di un tesoretto monetale di media età imperiale, sembra sostituirsi la possibilità di contatti diretti con il Vallese tramite il Passo di Novena o il Furka e, lungo l'Oberalp, anche con Coira, raggiungibile seguendo l'alta valle del Reno Anteriore.

Nel primo caso ne è indizio la distribuzione di alcuni materiali caratteristici del ceppo Leponti-Uberi, come le fibule di tipo Mesocco, presenti in Alto Vallese, a Madrano, in Val d'Ossola e in pochi altri contesti ticinesi[302]; nel secondo caso la possibile provenienza dal capoluogo retico della terra sigillata est-gallica.

D'altronde fino a Coira era possibile risalire il Reno tramite imbarcazioni di piccolo cabotaggio, e fu proprio tale fattore alla base della crescita dell'insediamento già dalla prima età imperiale[303].

Passibile di verifiche, ma piuttosto probabile anche l'ipotesi già suggerita di un percorso diretto dal Vallese a Coira tramite la stretta Val d'Orsera, che, alle spalle del Gottardo, mette in comunicazione i bacini idrografici del Rodano e del Reno[304].

Con il tardo impero e durante il regno dei Longobardi in Italia l'importanza e il ruolo dei valichi alpini della *Raetia* centrale dovette, ad ogni buon conto, crescere notevolmente. Ne sono indizio diretto le vicende belliche che, in momenti diversi, vedono Romani e Longobardi bloccare le invasioni di Alamanni e Franchi ai Campi Canini, tradizionalmente ubicati nei pressi di Bellinzona; secondo le ipotesi più accreditate l'incursione degli Alamanni nel 355 d.C. avvenne attraverso il San Bernardino[305], mentre i Franchi di Olone sarebbero scesi dal Lucomagno[306].

Ugualmente significativi risultano in quest'ottica alcuni ritrovamenti sporadici di sepolture di armati riferibili alla medesima temperie. Per la loro posizione sembrano indicare una volontà di controllo di alcuni punti nodali di valico, soprattutto tra la Leventina e la Val di Blenio: a Bedretto sulla strada del Passo di Novena e del Furka, a Ludiano sotto il Lucomagno, a Chiggiogna/Faldo in Leventina, a Iragna alla confluenza della Val di Blenio in quella del Ticino[307].

Che non si abbiano ritrovamenti della stessa natura in Val Mesolcina sta probabilmente ad indicare che tale percorso era direttamente difeso dalle fortificazioni di Bellinzona.

Per il Gottardo, invece, solo la costruzione di un ardito ponte nella gola della Schöllenen all'inizio del XIII secolo rappresentò una svolta, facendo sì che il passo divenisse il collegamento più diretto e conveniente in termine di tempo verso le regioni transalpine[308].

---

[204] *Polyb.*, II, 17,2. "Tutti i Celti abitavano in villaggi non fortificati e privi di ogni mezzo di vita civile: dormivano su miseri giacigli, si nutrivano di carni e (...) conducevano una vita molto semplice, del tutto ignari di ogni scienza e di ogni arte". Per un inquadramento sulla problematica dell'amministrazione dell'*ager* attraverso le istituzioni pagensi e vicanali si veda CAPOGROSSI COLOGNESI 2002.

[205] Per un inquadramento del paesaggio naturale preromano nella regione dei laghi prealpini della Lombardia occidentale e dei progressivi interventi di modificazione antropica si vedano CASTELLETTI-ROTTOLI 1998; CASTELLETTI - ROTTOLI 1998a; CASTELLETTI 2001.

[206] A proposito del conservatorismo culturale cfr. le considerazioni in BUTTI RONCHETTI 2000a.

[207] *Angera romana I*; *Angera romana II*. La tradizionale denominazione dell'insediamento come *vicus Sebuinus* deriva dall'iscrizione su un'ara votiva conservata presso la Rocca Borromeo di Angera (CIL V, 5471). La sua autenticità, però, è stata da tempo messa in discussione, giacché la dedicazione da parte dei *vicani* appare anche ad un semplice esame autoptico un'aggiunta successiva (da ultimo, e con argomentazioni decisive, si veda CANTARELLI 1996, pp. 178-189). Senza entrare nel merito della discussione tuttora in atto, ritengo di poter utilizzare la denominazione di V*icus Sebuinus*, in quanto ormai canonico negli studi storici per indicare l'antico abitato di Angera, la cui importanza, documentata da decenni di rinvenimenti archeologici, non si sminuisce certo per un dubbio onomastico.
[208] DONATI 1983; ID. 1984; ID. 1990.
[209] Sull'identificazione del Verbano si vedano BROGGINI 1989, p. 237 e GRILLI 1989, p. 381.
[210] Uno scavo molto interessante in tal senso è stato quello della via Fulvia, a nord di *Forum Fulvii*, eseguito in concessione dalle Università di Milano e Verona sotto la direzione della professoressa Giuliana Facchini. E' emerso come anche una grande via consolare, datata alla fine del II secolo a.C., sia in realtà una *glareata*, e che tale caratteristica tecnica mantenne anche in rifacimenti di piena età imperiale (da ultimo si veda FACCHINI - MARENSI 1998).
[211] Sulla tecnica stradale romana, in particolare sulle glareate, si veda CHEVALLIER 1997, pp. 107-118.
[212] Un'ipotesi del tracciato è già stata effettuata anni or sono dal Sironi (SIRONI 1962); se in linea generale la direttrice proposta dallo studioso è perfettamente attendibile, non è accettabile, a mio avviso, la ricostruzione puntuale di tutto il tracciato, individuandone i singoli segmenti in strutture viarie campestri o stradali ancora in uso. La modificazione del territorio, infatti, è stata alquanto profonda per l'intenso sfruttamento agricolo prima e per lo sviluppo industriale e infrastrutturale poi, e mancano gli elementi per indicare a quando risalga e a quando si debba ascrivere la situazione attuale. La bibliografia sulla *Mediolanum-Verbanus* è vastissima; si vedano in particolare BANZI 1995; DOLCI 2003, in cds, e bibliografia relativa.
[213] Ancora nel 1346 gli Statuti delle strade e delle acque del Contado di Milano riportano la dicitura "*strata de Rò, e comenza fora de Porta Zobia in cima del boscho*". Si veda *Statuti delle strade*, p. 21.
[214] ASDM, sez. X, Trenno, vol. 9, f. 159.
[215] In comune di Nerviano, l'unico ritrovamento archeologico è stato effettuato in loc. san Lorenzo, 200 metri a sud di via Corridoni, ad est del Sempione. Si tratta di due tombe ad incinerazione, venute alla luce nel 1958, datate ad età imperiale. Cfr. Archivio Topografico della Soprintendenza ai Beni Archeologici della Lombardia, s.v. Nerviano.

[216] VOLONTE' 1996; DI MAIO 1998, nn. 73-87.
[217] Uno studio assai attento sul manufatto e sulla sua lettura iconografica e iconologica è in MUSSO 1983.
[218] ROSSI 1996, pp. 12-17. Uno studio geomorfologico della zona di Parabiago ha messo in luce come i terrazzi più alti rispetto all'Olona siano gli unici praticabili in qualunque periodo dell'anno.
[219] A San Vittore Olona è stato rinvenuto nel 1947 un sepolcreto di 12 tombe in direzione di Cerro Maggiore, e nel 1957 una seconda area di necropoli più consistente nel fondo Bombelli, sulla via per Legnano; entrambe sono datate ad età romana imperiale (SUTERMEISTER 1952, pp. 16-54; SUTERMEISTER 1960, pp. 28-33; DI MAIO 1998, nn. 64-66).
[220] Si passa dalla necropoli tardogolasecchiana del Podere dei Frati di sant'Angelo, a quelle di via Novara, di Casina Pace e di via Micca, di I-II secolo d.C., a quella di via Costa per san Giorgio datata tra la fine del III e la prima metà del IV secolo d.C.
[221] SUTERMEISTER 1928; BERTOLONE 1939, p. 45 ss. Uno studio comparativo di tutto il materiale archeologico edito e di alcune notizie inedite raccolte dal dottor Sutermeister fino alla metà degli anni '60 è stato effettuato e pubblicato recentemente da Paola Di Maio (DI MAIO 1998); i reperti provenienti dagli ultimissimi ritrovamenti (necropoli di Casina Pace) sono in corso di studio da parte di chi scrive.
[222] In località "Dio ti vede", sulla via per Canegrate, nel 1986 si rinvennero fortuitamente, durante la costruzione di un edificio industriale, strutture murarie poggianti su un vespaio in ciottoli, datati dalla ceramica presente *in situ* dopo il II secolo d.C. (DI MAIO 1998, n. 44). Altri rinvenimenti di questo tipo in *Castellanza nella storia* 2002.
[223] SUTERMEISTER 1960a, pp. 19-27.
[224] Una prima relazione dello scavo effettuato nel 1998 è in BINAGHI LEVA 1998, p. 114.
[225] AMORETTI 1992.
[226] MARIOTTI 1994a.
[227] SIRONI 1933, pp. 3-8.
[228] Nella *Carta topografica dei contorni di Milano*, di inizio '800 (collezione D. Rondanini), la strada del Sempione attraversa tra la cascina Buon Gesù e Gallarate una vasta area boschiva, probabilmente di brughiera, che si estende anche a ovest di Busto Arsizio.
[229] BERTOLONE 1931, p. 23 ss.; BASERGA 1937-38, p. 236.
[230] Scavi nella chiesa di San Lorenzo hanno messo in luce una prima fondazione di età altomedievale, se non tardoantica.
[231] BINAGHI LEVA 1992-93, pp. 93-94.
[232] MASTORGIO 1976-78, pp. 69-97; MARIOTTI 1994, p. 120. In generale sui ritrovamenti archeologici effettuati ad Arsago, si vedano FERRARESI - RONCHI - TASSINARI 1987, e *Nullus pagus* 1990.
[233] MARIOTTI 1995-97, p. 110.

[234] Ho reperito la notizia in *Parco del Ticino*, pp. 60-61. Un'indagine autoptica successiva ha confermato l'indicazione; ritengo che per le caratteristiche morfologiche delle due pietre si possa a buona ragione riconoscervi due cippi di segnalazione stradale, anche se in questo caso la definizione di "miliario" non si adatta, mancando l'elemento epigrafico. Permangono comunque tutti i dubbi sulla loro provenienza locale, trattandosi di un *unicum*.

[235] Nel 1923 si rinvenne un'epigrafe con dedica a Ercole da parte dei vicani di Somma "*HER VLT / VICANI VOTODRONES / V S* ". Cfr. GIUSSANI 1931, p. 70.

[236] *Somma Lombardo* 1985. In particolare pp. 38-48; 63-68; 70.

[237] SIMONE 1984, p. 57.

[238] Ulteriori scavi lungo via Albania, effettuati nella scorsa estate 2002, hanno nuovamente riconosciuto il *sedimen* stradale, individuandone anche la struttura e definendone la datazione. Se il manufatto sembra appartenere nella sua ultima fase costruttiva alla via Ducale, la presenza di materiale ceramico romano suggerisce una fase precedente. Ringrazio delle notizie inedite la dottoressa Alpago Novello Ferrerio, conservatrice del Museo di Arsago Seprio e Ispettore Onorario della zona.

[239] *Somma Lombardo* 1984, p. 100 ss. Un resoconto del 1930 la descrive come una torre quadrata di sei metri di lato, in grosse pietre disposte ad *opus incertum*. In età medievale vi insisteva anche una chiesa dedicata a San Nazaro.

[240] *Summa* delle ricerche condotte dall'ispettore di zona dottoressa Maria Adelaide Binaghi, è il recente *Museo Civico di Sesto Calende*.

[241] GUERRONI 1982, pp. 132-143; LUCIONI 2000a, pp. 180-185.

[242] Così ad esempio DE VIT 1875, p. 46. Per quest'ultimo tratto della strada per il Verbano si veda PRUNERI 2000, pp. 138-144.

[243] Sulla base di una donazione dell'anno 842, che vede tra i teste un "*Agipertus sculdasius habitator vico Sexto*" (CDL n. 146, 26 agosto 842). Non pare invece credibile il riconoscimento nel nome "Sesto" di un toponimo miliare, legato alla distanza dall'origine della strada o, in questo caso, dalla sua stazione terminale.

[244] GRASSI 1983.

[245] Un veloce, ma completo, elenco delle diverse proposte di ubicazione di *Stationa*, con un'esauriente confutazione, è in FRIGERIO-PISONI 1979, pp. 127-196, in particolare pp. 147-158. Si vedano anche le considerazioni del Lucioni (LUCIONI 1998).

[246] GABOTTO 1907, p. 305, n. 2. L'elenco ("... *Victimula, Oxillia, Scationa, ..Bellitiona...*") parrebbe da doversi riferire ad una serie di distretti limitanei di età goto-bizantina.

[247] CIL V, II, 5471: "*I O M / M. CALVIVS / SATULLIO / VICAN. SEBVINI BASIM*".

[248] I risultati degli scavi sistematici condotti negli anni Settanta e Ottanta del secolo scorso dall'Istituto di Archeologia dell'Università degli studi di Milano, sotto la direzione della professoressa Gemma Sena Chiesa, sono stati pubblicati in due successivi volumi (*Angera romana I* e *Angera romana II*). Si veda la ricca bibliografia per i numerosi rinvenimenti precedenti. I dati archeologici relativi ad un ultimo, recentissimo, ritrovamento in MARIOTTI-MASSA 2000, pp. 71-80.

[249] Per il quadro delle attività produttive in essere ad Angera in età romana si veda LAVIZZARI PEDRAZZINI 1995, pp. 603-644. Considerazioni importanti sulle relazioni commerciali del comprensorio ticinese anche in FACCHINI 1997.

[250] Vi è stato identificato un insediamento per la produzione vetraria e metallurgica. Si veda anche CRIVELLI 1977.

[251] A Cairate, secondo la tradizione, venne fondato nel 737 dal re Liutprando un monastero regio femminile. Cfr. NAVONI 1990, p. 94 e nota 64, p. 115. A Fagnano O. fu rinvenuta una trentina d'anni or sono una necropoli rurale della prima età imperiale (Archivio Topografico della Soprintendenza ai Beni Archeologici della Lombardia, sv. Fagnano Olona).

[252] Su Castelseprio vi è una ricchissima bibliografia. Tra i moltissimi, si vedano BOGNETTI 1948; LECEJEWICZ-TABACZYNSKA-TABACZYNSKI 1965; TABACZYNSKA - TABACZYNSKI - KURNATOWSKI 1968; *Atti Castelseprio* 1973; *Atti Castelseprio* 1978-79; BROGIOLO-LUSUARDI SIENA 1980; BROGIOLO-CARVER 1982; LUSUARDI SIENA 1982; LUSUARDI SIENA 1983; CARVER 1987; *Castelseprio 1287. Prima e dopo*.

[253] Si veda, per questa ipotesi, DOLCI 2002, p. 29.

[254] Anche per il percorso suggerito dal Bognetti a sud di Castelseprio nutro alcune perplessità. Non pare necessario, innanzitutto, che la strada risalisse le colline in riva destra del'Olona, scendesse nella valle acquitrinosa del torrente Arno, salisse di nuovo le alture in riva destra per raggiungere poi Arsago Seprio, attraversare la brughiera e puntare su Castelnovate, il cui ricetto fortificato è l'unico punto fermo. Sembra più semplice, e i dati archeologici parrebbero confermarlo, che il nodo viario del basso Varesotto fosse l'insediamento di Gallarate, in posizione più favorevole e in collegamento diretto sia con il Ticino che con le colline prealpine.

[255] Il Battistero di Arcisate è datato variamente tra V e X secolo. Nondimeno, nella vicina chiesa di S.Vittore, la cui dedicazione potrebbe essere antica, furono rinvenute sotto l'altare due sepolture che l'iscrizione funeraria data con certezza tra 461 e 482 d.C; uno dei due inumati aveva la qualifica di sacerdote, quindi l'uso dell'edificio doveva necessariamente essere perfin precedente alla seconda metà del V secolo d.C. Si veda ANDENNA 1990, p. 126 e nota 32.

[256] Interessante soprattutto il Castello di Cuasso al Monte, che necessiterebbe però di campagne sistematiche d'indagine. Per tecnica muraria, si

individua tra le strutture superstiti un nucleo antico, probabilmente altomedievale, che insiste sul punto più alto della collina. Sul castello qualche notizia in TAMBORINI 1981, pp. 118-121 e più diffusamente in BIANCHI 1977 e in GRIGNASCHI 1993.

[257] La Valganna si poteva raggiungere da Arcisate, attraverso il Passo del Vescovo, dove ad inizio secolo fu rinvenuto un tegolone romano con marca di fabbrica, o dalle alture di Frascarolo, dove poi sorse la rocca medicea, in quanto l'imbocco della valle era bloccato da rocce precipiti.

[258] RATTI 1901, pp. 5-36; FRECCHIAMI 1994, pp. 71-73. Sul monastero benedettino di Ganna, si veda COMOLLI-ZANZI 1999.

[259] Carta I.G.M., f. 31, I NO - I NE. Se i toponimi "Taverna" e "Gaggio" sono noti, Marchirolo verrebbe da alcuni studiosi ricondotto ad un antico "*Ad Mercuriolum*". In effetti, già altri documenti (ad esempio citati in LONGONI 1988, pp. 17-18) attestano il perpetuarsi di toponimi legati al culto di Mercurio lungo i percorsi viari.

[260] NOBILE DE AGOSTINI 1994-1999.

[261] BERTOLONE 1932-33, p. 156; ID. 1937-38, p. 32. Sono state individuate tracce di una villa rustica anche a lato dell'oratorio medievale di San Gallo, a Vergiate (BRUNO 1983).

[262] BERTOLONE 1932-33, p. 153; BASERGA 1936, p. 305; BERTOLONE 1937-38, p. 26.

[263] TAMBORINI 1981, pp. 167-168. Da un sopralluogo personale, sembra che per la tecnica muraria la torre possa essere ascritta ad età tardoromana. Il confronto più pertinente mi sembra essere la fortificazione di Santa Maria Rezzonico, sul Lario.

[264] BINAGHI 1998, pp. 23-26.

[265] MARIOTTI 1988-89, p. 180.

[266] Già una carta datata al 1025 (ASM, Md, n. 141, prot. 479), sottoscritta dall'arcivescovo Ariberto, denomina la località in cui venne eretta la chiesa di san Sepolcro "*in loco qui dicitur crusicula*"; il toponimo è spiegato dal Tamborini (TAMBORINI 1975, pp. 55-92, in particolare p. 61) con l'intersecarsi in quel luogo di due strade. Successivamente, un documento del 1231 (ASM, fondo religione, p.a., cart. 936) ricorda che la chiesa era circondata "*...a meridie strata publica per quam tenditur comabium..*" e "*...a monte via publica per quam tenditur travedonam*"(LUCIONI 1990, pp. 11-73, in particolare nota 23). Nel XVI secolo la medesima strada, ai piedi di San Giacomo di Comabbio, era detta "*merchantesca*" (ASDM, sez. visite pastorali, pieve di Brebbia-Besozzo, vol. 31, a. 1578).

[267] Carta I.G.M., f. 31, III NE.

[268] DE MARCHI 1994-1999, p. 416.

[269] Come testimonia il recente ritrovamento in località Faraona di una fornace per calce, datata al IV secolo d.C. La fornace era stata individuata già dal Bertolone negli anni '30; nell'estate 1998 è stato effettuato un nuovo scavo, che ha messo in luce l'ambiente, per un alzato di quasi due metri. La datazione della struttura è stata possibile grazie al rinvenimento *in situ* di materiale ceramico tardoantico.

[270] BASERGA 1931, p. 250.

[271] CIL V, 5497-5506.

[272] CIL V, 5496. Gli *Hispones*, ricca famiglia milanese, nota da altre epigrafi, dona agli *Statuini* una *lavatio*, ovvero un bagno pubblico gratuito. Esso, inoltre, si trovava "*in solo privato statuinorum*", a sottolineare come il territorio non appartenesse alla *res publica romana*, ma, mantenendo forme d'utilizzo preromane, era rimasto alla popolazione locale. Si veda BALDACCI 1983, p. 147.

[273] Si veda FRIGERIO-PISONI 1989.

[274] A Besozzo, nelle località San Vittore e Cardana, si rinvennero due necropoli romane databili al IV secolo (MAGNI 1924, p. 108; BASERGA 1928, p. 197), mentre dalla località Bogno proviene un tesoretto, celato durante il III secolo d.C. (MAGNI 1925, p. 129).

[275] Da Cocquio provengono notizie di ritrovamenti genericamente "celtici" e di materiali barbarici, datati al VI-VIII secolo (DE MARCHI 1994-99, p. 416).

[276] La rocca attualmente riconoscibile è da attribuirsi ai rifacimenti del XV secolo. Cfr. TAMBORINI 1981, pp. 138 segg.; FRIGERIO-PISONI 1979, nota 69. Abbastanza fantasiosa sembra invece l'ipotesi del Sironi (SIRONI 1969, p. 197), che farebbe derivare il nome di Cavona da un romano "*caupona*"(= osteria).

[277] FRIGERIO-PISONI 1983.

[278] TAMBORINI 1981, pp. 136-137.

[279] Cfr. INNOCENTI 1979; RATTI 1981; *Angera I-II*. Sembra fuori di dubbio che dal V secolo il vecchio centro romano fosse ormai in fase di declino.

[280] Sul fortilizio di Castelnovate, punto fermo a controllo di un probabile guado o traghetto per la riva destra del Ticino, si veda TAMBORINI 1981, p. 171 segg. Sul ruolo di Pombia in età longobarda, invece, si veda DONNA D'OLDENICO 1971, con la bibliografia relativa.

[281] Nella Carta I.G.M., f. 31, II NO, si leggono ben sette località denominate "gaggio".

[282] MARIOTTI 2001.

[283] GIAMPAOLO 1978-79, pp. 147-154.

[284] LANGÈ-VITALI 1984, pp. 443-444.

[285] *Paulus Diac.*, Hist. Lang. III, 31. Più dettagliato è il racconto di Gregorio di Tours (*Greg. Tur.*, Hist. Franc. X, 3): "*...erat autem stagnum quoddam in ipso Mediolanensis urbis territorio, quod Ceresium vocitant, ex quo parvus quidem fluvius* (il Tresa) *sed profundus egreditur ... Ad quem cum adpropinquassent, priusquam flumen, quod diximus, transirent, a litore illo unus Langobardorum stans ... vocem dedit contra Francorum exercitum...*".

[286] A questo proposito si vedano FRIGERIO-PISONI 1979; TAMBORINI-ARMOCIDA 1980; TAMBORINI 1981 e la bibliografia ivi compresa.

[287] CARDANI VERGANI 1998, con bibliografia precedente.

[288] DONATI 1993, in particolare p. 227.
[289] BIAGGIO SIMONA 1999, p. 225.
[290] In generale, sulla situazione del Canton Ticino in età romana si vedano DONATI 1981; BIAGGIO SIMONA 1994; BIAGGIO SIMONA 1997; BIAGGIO SIMONA 2001.
[291] La popolazione dell'alta valle del Ticino viene inserita in età imperiale nella *Oufentina Tribus*, cui appartenevano anche gli abitanti di *Mediolanum* e di *Comum*. Cfr. BIAGGIO SIMONA 2000, p. 279.
[292] Si confronti la carta di distribuzione in BIAGGIO SIMONA-BUTTI RONCHETTI 1999.
[293] In particolare BIAGGIO SIMONA 2000a.
[294] Cfr. SCHWARZ 1971, pp. 27-48; sull'argomento si veda anche BIAGGIO SIMONA 2000, pp. 274-275 e bibliografia relativa.
[295] Cfr. DELLA CASA 2000, pp. 14-17.
[296] Si veda da ultimo BUTTI RONCHETTI 2000.
[297] Ancora alla fine del II secolo d.C. nel rito funebre persiste la pratica dell'inumazione entro recinti di ciottoli, con il corredo d'accompagnamento deposto entro un ripostiglio separato. L'abbigliamento femminile, inoltre, risulta tradizionale, utilizzando ancora il peplo. Sintomo di un forte legame alla tradizione anche l'attardamento di alcune forme ceramiche e la circolazione di tipi monetali molto più antichi dei contesti in cui erano deposti. Cfr. in particolare BUTTI RONCHETTI 1997; BUTTI RONCHETTI 2000a.
[298] BUTTI RONCHETTI 2000, pp. 79-88. Dalla Campania proviene anche una casseruola in bronzo, riferibile all'officina di *Publius Cipius Polybius*. Dell'artigiano sono noti in area ticinese altri sette pezzi, oltre a uno in Ossola, a sottolineare una privilegiata direttrice d'importazione dei prodotti, certamente attraverso il Ticino e il Verbano, attraverso la mediazione delle regioni padane. Cfr. BUTTI RONCHETTI 2000, pp. 132-133. Sul problema della produzione e della circolazione dei recipienti in bronzo centromeridionali in ambiente prealpino si vedano anche MASSARI-CASTOLDI 1985 e CASTOLDI 2001.
[299] La bottega del vasaio, del quale sono noti quasi 200 punzoni, è da porre nel comprensorio della Mosella, anche se le tradizionali ubicazioni dell'officina a Ittenweiler o a Mittelbronn non sono accertate. Ambito privilegiato per l'esportazione del vasellame di *Cibisus* appare la Svizzera orientale e il *limes* danubiano, sebbene si siano rinvenute attestazioni anche sul Reno. Per l'analisi della coppa madranese cfr. BUTTI RONCHETTI 2000, pp. 89-93.
[300] Si tratta, fino ad oggi, di un *unicum* per le aree transalpine. La classe ceramica è invece ben nota in *Gallia*. Per il bicchiere della tomba 1/1957 da Madrano si veda BUTTI RONCHETTI 2000, pp. 94-95.
[301] Nelle 15 tombe della piccola necropoli sono state rinvenute cinque cesoie, tre asce, numerose falci, falcetti e coltelli, un rasoio e vari manici in ferro appartenenti a secchi di legno o pelle. A parte vanno considerati i sette picconi, da ricondurre con ogni probabilità all'attività estrattiva di minerale, forse del pregiato cristallo di rocca.
[302] Cfr. carta di distribuzione in BUTTI RONCHETTI 2000, p. 112, tav. 7.
[303] Su Coira in particolare HOCHULI-GYSEL ET ALII 1986; ID. 1991.
[304] Si vedano a tal proposito le brevi considerazioni in BUTTI RONCHETTI 2000, p. 178. Ringrazio di cuore la dottoressa Butti, sia per i molti spunti derivati dalla lettura del suo recente lavoro, sia per i suggerimenti e le considerazioni emerse in occasione di discussione e confronto.
[305] *Amm. Marc.* XV, 3-4.
[306] *Paulus Diac.*, Hist. Lang. III, 31.
[307] In proposito cfr. le considerazioni in DE MARCHI 1997, in particolare pp. 298, 302-303 e la tav. I.
[308] Cfr. STADLER-MUHEIM 1989.

Fig. 52. Carta della viabilità romana dell'Alta valle del Ticino, verso i valichi del Lucomagno e del San Bernardino.

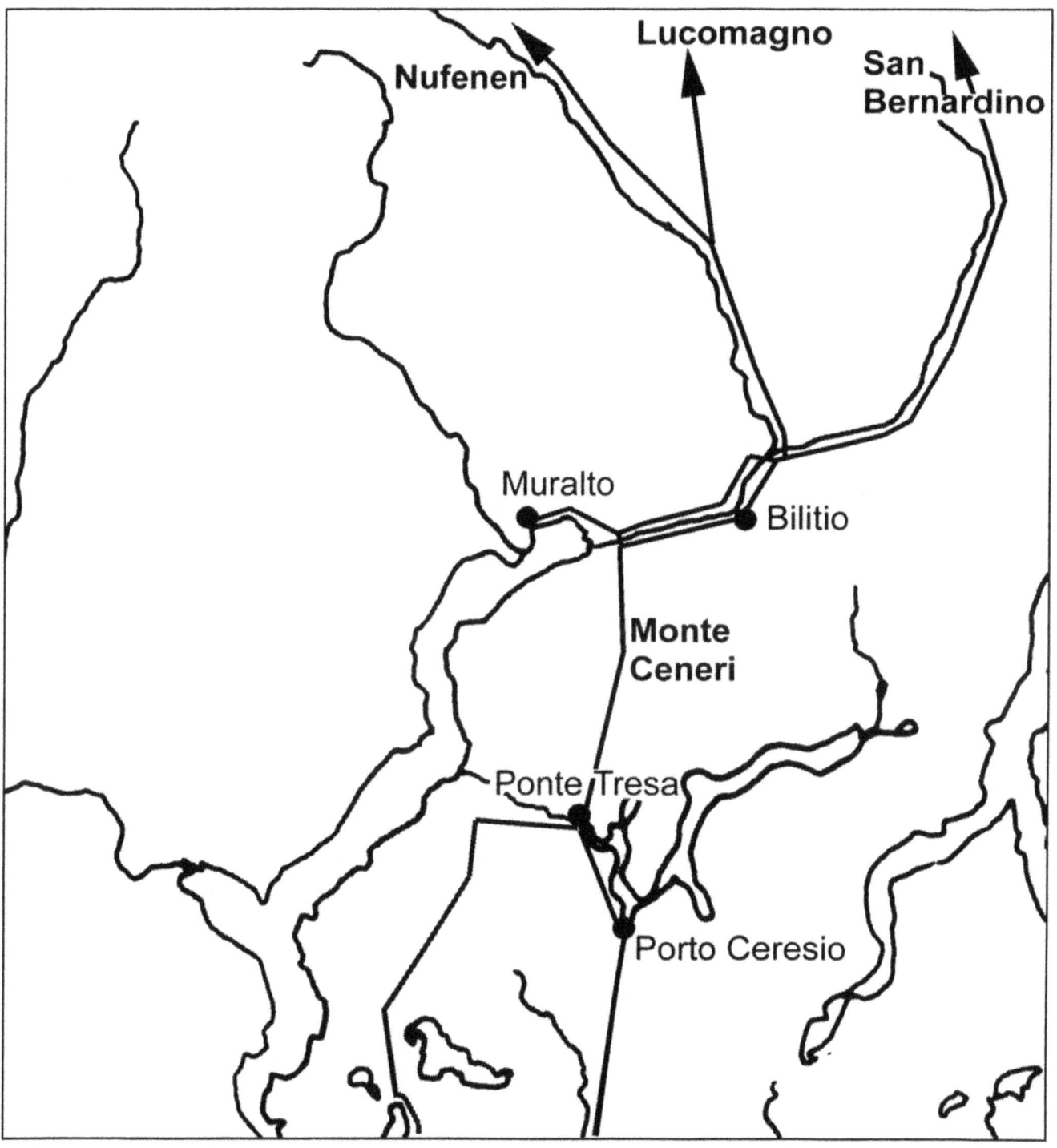

La strada romana dell'Ossola

Pur iniziando propriamente a Gravellona Toce, la direttrice di penetrazione attraverso le Alpi rappresentata dalla Val d'Ossola può essere considerata il tratto terminale di due percorsi distinti, uno proveniente da *Mediolanum*, l'altro da *Novaria*, che qui convergevano per raggiungere le regioni della *Raetia* centrale.

Da tempo è stata riconosciuta nella sua direttrice principale, se non nel suo specifico dipanarsi sul terreno, una via di comunicazione terrestre che collegava, a partire dall'età romana, *Mediolanum* e il *Verbanus Lacus*, raggiungendo l'importante approdo lacuale di Angera e di qui le vie d'acqua per il Sopraceneri[309].

A Sesto Calende, per quel che interessa la strada ossolana, si è supposto che fosse possibile guadare il Ticino, o meglio attraversarlo con un traghetto, così da proseguire sulla sponda opposta del lago verso l'Ossola. A fianco di incerte notizie circa il riconoscimento di resti murari di un ponte sul fiume[310], l'esistenza del traghetto sul Ticino per la sponda piemontese è testimoniata da documenti altomedievali, e forse rispecchia una situazione precedente[311].

Nel tratto seguente, lungo il Verbano, la strada doveva mantenersi elevata sui colli di Belgirate, Stresa, Baveno, Feriolo, per imboccare poi la piana del Toce[312]. Il ritrovamento più significativo in questo settore del Verbano occidentale è stato effettuato in passato a Nebbiuno, dove fu indagata una necropoli romana di piena età imperiale[313].

Gli studi idrogeologici sul Verbano occidentale hanno posto in evidenza come in età romana l'attuale piana del basso Toce fosse occupata dalle acque del lago, più alto di circa quindici metri[314]; il Montorfano rappresentava dunque un'isola o una penisola al centro di un profondo golfo, che toccava a monte Gravellona e Mergozzo.

Pare quindi condizione obbligata che la sede stradale corresse in quota, sulle pendici meridionali della valle per la miglior esposizione e in continuità del percorso precedente.

In aggiunta, su questa direttrice convergeva anche una percorrenza che risaliva la valle del Ticino sulla sua sponda occidentale; almeno da Vigevano, se non dalla Lomellina, la strada si snodava lungo i terrazzi più alti della valle lungo gli assi del territorio centuriato ad est di Novara[315], raggiungendo il Verbano nei pressi di Castelletto Ticino. Da qui era possibile proseguire verso nord passando da Arona e risalendo poi in quota[316].

Dall'altra parte un percorso più breve collegava *Novaria* al lago attraverso la via del lago d'Orta, lungo una direttrice testimoniata da numerose iscrizioni con dedica alle *Matronae*, Ercole,

Fig. 53. Tomba ad incinerazione indiretta dalla necropoli di Carcegna.

Mercurio[317]. La strada doveva anche in questo caso svilupparsi in posizione elevata lungo la sponda del lago, come indica la posizione delle necropoli di Ameno[318] e Carcegna[319], la cui dimensione e ricchezza di corredi testimonia la presenza di insediamenti di discrete dimensioni. Da qui si poteva giungere a Gravellona da nord-ovest, attraverso la valle proveniente da Omegna.

La direttrice sembra assumere maggior importanza durante il regno goto e l'età longobarda, quando

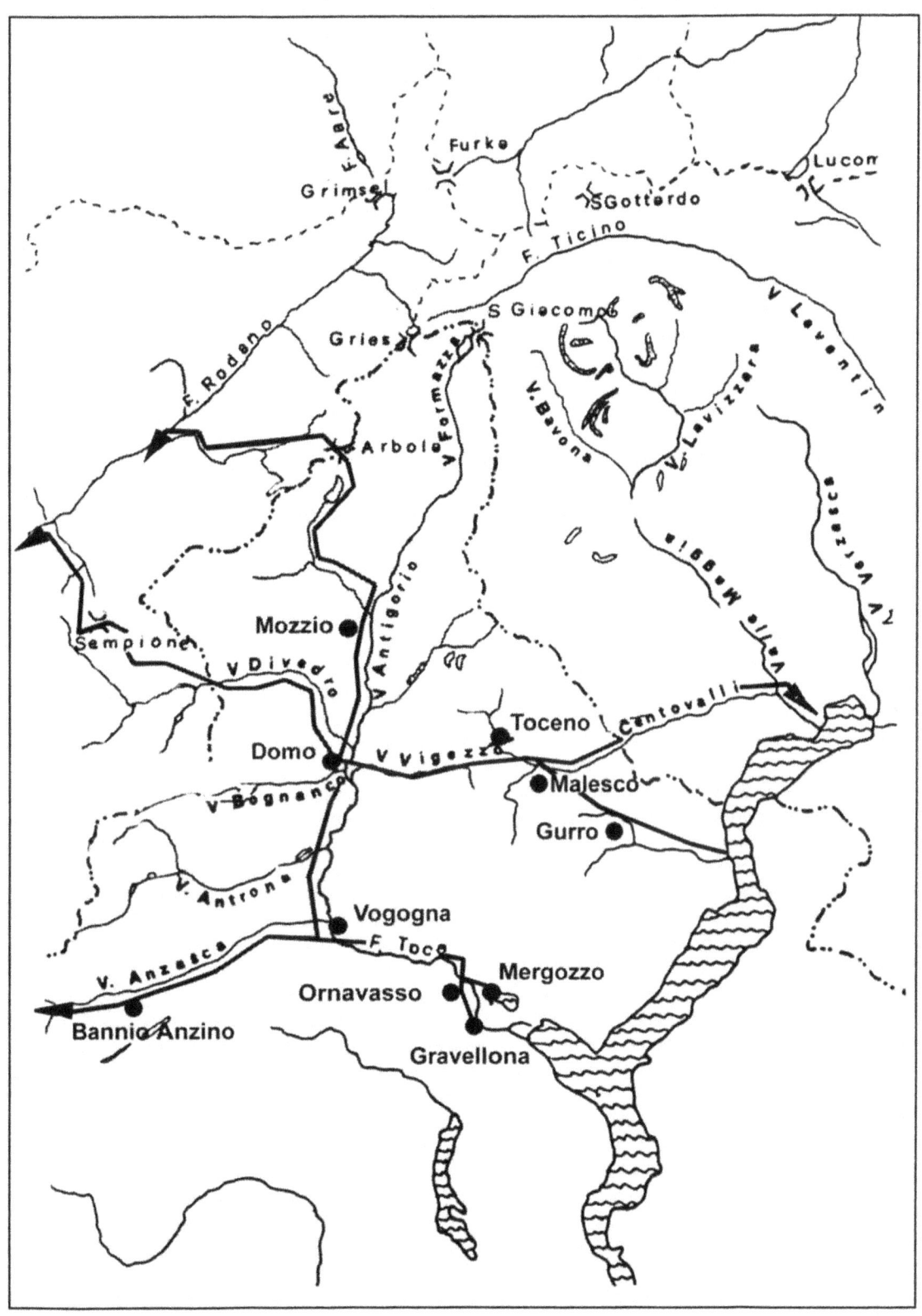

Fig. 54. Viabilità e centri di popolamento nell'Ossola romana.

viene edificato un *castrum* fortificato sull'isola di S. Giulio. Il sito era già frequentato in età imperiale, ma è solo dal V-VI secolo che l'indagine archeologica ha documentato un insediamento dotato di strutture difensive, con potenti mura; il centro doveva essere deputato al controllo della via di penetrazione rappresentata dalla valle del Toce e della valle d'Orta, fino alla pianura[320].

Gravellona Toce
Terminale meridionale dei percorsi che si risalivano l'Ossola verso i valichi alpini, il centro di Gravellona ha restituito numerosi contesti archeologici, che oggi permettono di riconoscerne il ruolo, lo sviluppo insediativo e l'economia[321].

Attraverso alcune campagne di scavo sistematico, sebbene attuato con metodologia non stratigrafica e senza coprire interamente l'area interessata dall'occupazione antica, Felice Pattaroni tra 1954 e 1959 individuò in località "Pedemonte di sotto" una vasta area cimiteriale, di cui furono scavate 126 tombe[322], ed alcuni edifici pertinenti all'abitato d'età romana.

La necropoli documenta una prima breve frequentazione durante il V secolo a.C.; la comunità golasecchiana qui insediata dimostra di avere contatti con il mondo padano etrusco, probabilmente tramite la via di comunicazione naturale rappresentata dal fiume Ticino[323]. Ne sono indice la presenza di materiali bronzei di fabbrica etrusca, come una Schnabelkanne[324], nonché ceramiche d'importazione[325].

Successivamente, dopo una cesura di circa due secoli e mezzo, l'insediamento rinasce con l'occupazione leponzia del territorio compreso tra Verbano e Alpi Lepontine.

Al periodo che va dalla fine del II alla fine del I secolo a.C. si data la maggior parte delle sepolture individuate; è attestato il biritualismo, indice probabilmente di una comunità mista, leponzio-celtica, che vive di agricoltura e allevamento. I corredi sono modesti, e solo con l'inizio della piena romanizzazione si evidenziano differenziazioni che indichino un'avvenuta gerarchizzazione della

Fig. 55. Gravellona Toce (Vb). Un settore della necropoli in località Pedemonte di Sotto.

società.

Con la prima età imperiale e dopo le guerre di Augusto contro le popolazioni alpine e il loro assoggettamento all'impero, infine, la romanizzazione della componente etnica locale si accellera; le sepolture, esclusivamente a cremazione, presentano materiali d'importazione, come vasellame da mensa in terra sigillata aretina e padana, vasi a pareti sottili, balsamari vitrei. Il processo può dirsi concluso in età giulio-claudia, dato che le sepolture d'età flavia denotano il massimo livello di benessere economico[326]. Il termine della frequentazione della necropoli si pone intorno alla metà del IV secolo d.C.; sono documentate, infatti, poche sepolture alla cappuccina, con corredi modesti.

A est della necropoli il Pattaroni individuò anche alcuni edifici, che risultano costituire le propaggini meridionali dell'insediamento[327].

Esso si estendeva lungo le pendici del monte Cerano, ma non se ne conoscono archeologicamente le dimensioni. In generale si può presumere che lo stanziamento si stabilizzò in quest'area con la seconda metà del I secolo, e che mantenne una frequentazione stabile fino alla metà del IV secolo, quando venne distrutto da una frana di enormi proporzioni. Durante gli scavi degli anni '50 infatti, le strutture murarie, conservate in alzato per oltre 150 cm, risultarono sepolte sotto più di 5 metri di materiale inerte, risultato dell'antico smottamento.

Fig. 56. Gravellona Toce. Necropoli di Pedemonte di Sotto. Corredo della tomba 57. Seconda metà del I sec. a.C.

Gli edifici posti in luce risalgono alla piena età imperiale e alla tarda romanità, pur essendo testimoniate fasi costruttive precedenti[328]. Sono

Fig. 57 Gravellona Toce (Vb). La "Casa del forno".

Fig. 58. Gravellona Toce (Vb). La "Casa del pescatore"

state recentemente interpretate come strutture abitative, ma nel contempo sede di botteghe artigiane, dove si lavoravano i metalli[329] e il legno[330] o si producevano alimenti, pane e derivati del latte[331].

Le strutture, simili tra loro dal punto di vista dell'organizzazione spaziale, erano disposte in un complesso rettangolare suddiviso in tre o quattro ambienti, adibiti a cucina, stanza da letto, area produttiva[332]; un solo edificio si distacca da questa tipologia, e si avvicina invece, nella struttura allungata e divisa in lunghe stanze parallele, alle case-stalla attestate in ambiente alpino nell'antichità ma mantenutesi in uso fino al secolo scorso[333]. Tutte le abitazioni erano costruite in ciottoli, talvolta con frammenti laterizi di rincalzo; presentavano probabilmente strutture lignee di sostegno e forse piani rialzati, mentre la copertura era in tegole e coppi.

Fig. 59 Gravellona Toce (Vb). L'edificio detto "Le stalle".

Si ricostruisce quindi un'area artigianale, posta ai margini dell'abitato, che doveva presentare anche strutture abitative più complesse e probabilmente più ricche.

La comunità di Gravellona era dunque dedita all'agricoltura e all'allevamento, ma non disdegnava di sfruttare le ricchezze naturali locali, prima fra tutte i giacimenti minerari[334], forse le cave di marmo e la pesca.

A Pedemonte, inoltre, sono state identificate strutture fortificate, interpretate come *castrum* di controllo stradale[335]; necessiterebbero però di indagini più approfondite per chiarirne cronologia e funzione.

Ad ovest degli edifici abitativi Pattaroni registrò a più riprese la presenza di tratti di una strada, pertinente con ogni probabilità al primo tratto della via per l'Ossola. La struttura stradale era costituita da strati sovrapposti di ghiaia, ed era sostenuta a valle da un muro in pietra a secco[336]. Larga sei metri, era munita anche di una canaletta laterale per il deflusso delle acque.

Fig. 60. Tracciato stradale antico nei pressi di Masone.

Verso Domodossola

Gravellona emerge dunque nel quadro del popolamento della bassa Valdossola come centro principale a valle, nodo di collegamento con la via lacustre del Verbano e le regioni padane a sud, transalpine a nord.

Da Pedemonte di Gravellona le testimonianze archeologiche indicano che la strada puntava su Ornavasso, che lambiva, attraversando l'area necropolare di S. Bernardo e quella di In Persona, come provano resti di lastricato stradale[337].

Ornavasso costituì nella tarda età del ferro e per tutta l'età romana un insediamento di primaria importanza nell'Ossola, sulla base dei ricchi corredi funerari che provengono dalle sue necropoli; indirettamente si ricostruisce quindi la possibilità di rapporti commerciali con le regioni meridionali dell'Impero, da cui venivano importati prodotti di pregio e verso cui si indirizzavano, presumibilmente, le materie prime di cui la zona è ricca.

Senza scomodare la presenza di filoni auriferi, pur presenti nell'alta valle ma il cui sfruttamento è difficilmente documentabile[338], la ricchezza del territorio era costituita dai marmi di Candoglia, dalle cave di gneiss, o serizzo, per prodotti di minor pregio[339], dal cristallo di rocca[340] e dal legname. Si aggiunge senza dubbio la pratica diffusa dell'allevamento bovino, secondo il metodo ancor oggi abituale dell'alpeggio e della stabulazione invernale, che aggiungeva alla ricchezza naturale produzioni tipiche delle aree alpine, documentate nelle loro esportazioni anche dalle fonti letterarie d'età imperiale[341].

A utensili d'uso domestico era destinata invece la lavorazione della pietra ollare, di cui sono presenti alcuni giacimenti affioranti in valle Antrona e val Vigezzo, ma che è piuttosto comune in tutto il circondario sotto forma di massi erratici e trovanti[342]. Vasellame da mensa in pietra ollare, menzionato anche da Plinio[343], proviene da una tomba della necropoli di Ornavasso-In Persona, da

Malesco, da Masera e da Toceno; inoltre, presso il Muro del Diavolo se ne sono trovate numerose schegge di lavorazione, a documentare un processo artigianale primario, di sbozzamento delle pietre, già sul luogo di cava[344]. Anche se la lavorazione della pietra ollare è documentata in Ticino durante l'età celtica, in Ossola tutti i dati non risalgono a prima dell'età augustea.

Prima di raggiungere Ornavasso, la strada dell'Ossola attraversava il Toce a Migiandone nel punto più stretto della valle, dove veniva raggiunta da un breve diverticolo proveniente da Mergozzo; la preferenza per le pendici vallive in riva sinistra del Toce era condizionata dal maggior numero di affluenti in riva destra e dal loro carattere torrentizio soggetto a piene improvvise.

La frequentazione di Mergozzo risale già al neolitico, ma due necropoli di età imperiale, una in località Praviaccio[345], l'altra presso Cappella[346], nonché materiale sporadico e un impianto per la produzione di laterizi[347] testimoniano un notevole sviluppo del centro in età romana.

Ciò si deve probabilmente al piccolo porto che fungeva da approdo per chi proveniva attraverso il lago e proseguiva poi verso nord.

Come già detto in precedenza, la differente situazione idrogeologica del Verbano permette di ipotizzare che Mergozzo e forse Gravellona potessero facilmente essere raggiunte anche per via lacustre e costituire approdi per rotte translacuali, lungo la via d'acqua naturale del Ticino con cui si metteva in comunicazione l'Alto Verbano con il Po. Tracce di lastricato "romano" furono identificate nel secolo scorso[348], ma sembrerebbero necessitare di indagini più approfondite.

Attraversato il Toce a Migiandone e oltrepassata Ornavasso, proseguendo a nord ci si imbatte nell'unica attestazione documentaria dell'esistenza del tracciato di età romana e della sua buona fattura. A metà percorso tra la chiesa di S. Lorenzo di

Fig. 61. Vogogna (Vb). L'iscrizione dedicatoria per il riatto della via dell'Ossola.

Vogogna e il ponte della Masone, il cui toponimo alcune leggende locali rimandano ad una antica *mansio* sul tracciato, è scolpita sulla roccia un'iscrizione[349] che recita: VIA FACTA EX [P(ecunia) P(ublica)] HS XXIIDC / C(aio) DOMITIO DEXTRO II P[UBLI]O [FU]SCO COSS / M VALERIO […] / CURATOR(ibus) […]VIO /VENUSTI CON[ductoris publici iussu] / MARMORE […].

Il testo, noto fin dal 1666[350], è molto lacunoso, e varie e diverse sono state le sue interpretazioni. Si dà ormai per accertato che si tratta dell'iscrizione dedicatoria per la ricostruzione o più facilmente il restauro della strada verso *Oscela Lepontiorum*, di cui si indica anche la spesa; la presenza dei nomi dei consoli *C. Domitius Dexter* e *Publius Fuscus* la data al 196 d.C.

Occasione per l'opera di ristrutturazione, o forse di un intervento infrastrutturale più significativo[351], dovette essere la guerra tra Settimio Severo e Clodio Albino, nell'ottica della quale l'imperatore fece rafforzare le difese sui passi e le percorrenze che conducevano alle Alpi[352].

Clodio Albino, ribellatosi all'imperatore a Lione, bloccava di fatto l'accesso alle regioni d'Oltralpe attraverso i valichi alpini occidentali; così Settimio individuò nelle Alpi Centrali la possibilità di raggiungere in tempi relativamente brevi le regioni renane, per assicurarsele come alleate.

L'*argumentum ex silentio* addotto dai detrattori dell'importanza dell'intervento imperiale, a favore di una piccola opera di manutenzione, è stato fino ad oggi l'esiguità della spesa prevista, che ammonta a 22600 sesterzi[353]. Una nuova e convincente interpretazione del testo epigrafico[354], però, pone in luce come l'opera edificatoria abbia tratto risorse economiche in senso lato dal finanziamento con denaro pubblico, ma anche da manodopera locale, probabilmente gratuita, come era uso nelle provincie in cambio di una detassazione, e dalla fornitura forzata o gratuita del materiale edilizio, voluta dal potente liberto Venusto, in quel momento *conductor publicus*, supervisore generale degli appalti per conto dell'imperatore. Se dunque si uniscono a bilancio le tre voci in entrata, si può considerare l'intervento imperiale di una certa importanza: forse non una costruzione *ex novo*, ma almeno un riatto di lunghi tratti di percorso.

Non è comunque possibile dire, allo stato attuale delle conoscenze, fin dove giungesse il tratto interessato; se il terminale fosse il principale centro della valle, *Oscela Lepontiorum*, o se fossero compresi anche interventi più importanti, verso i valichi.

Aggiunge valore a questa nuova lettura la presenza a poca distanza di una testa maschile in pietra ollare, reimpiegata in una fontana, che Filippo M. Gambari ha riconosciuto come una raffigurazione di Verkos, denominazione lepontica del dio celtico Belenos[355]. Si è ipotizzata, quindi, la presenza di un luogo sacro al dio, frequentato in età preromana e in età romana secondo la rilettura che identificava Belenos in Apollo.

Fig. 62. Dresio (Vb). Testa di Verkos/Belenos reimpiegata in una fontana. II sec. a.C.

I santuari di Belenos, di norma, venivano posti presso le aree di confine; in questo senso l'epigrafe di Vogogna si posizionerebbe nel punto in cui si usciva dalle competenze municipali, per entrare nella *praefectura* retica[356].

La Valle Anzasca e il passo di Monte Moro

Recentemente sono state portate argomentazioni importanti per indicare tra gli altri un percorso laterale che sfruttasse il valico di Monte Moro (2862 m slm), attraverso la Valle Anzasca. Essa si stacca in destra idrografica del Toce appena oltre il ponte della Masone, prima di raggiungere *Oscela Lepontiorum*, e con percorso est-ovest si dirige verso il medio Vallese.

L'unico sito dove si sono rinvenuti resti archeologici che ne attestino l'antica frequentazione è Bannio Anzino; vi fu individuata tra 1937 e 1956 una necropoli ad inumazione datata tra la fine del I secolo a.C. e il I secolo d.C.[357]: l'insediamento avrebbe potuto essere funzionale alla coltivazione dei filoni auriferi e metalliferi del territorio, il cui sfruttamento però è solo ipotizzabile in mancanza di evidenze certe.

Risalendo la valle si giunge al valico di Monte Moro; secondo una recente interpretazione, esso farebbe parte di una via di valico transeuropea, che metteva in comunicazione il Bernese con il Verbano e la pianura padana attraverso passi di facile percorribilità e modesta altitudine, in posizione mediana tra quelli occidentali del Piccolo e Gran S. Bernardo e quelli orientali delle Alpi Retiche[358]. A sostegno di questa ipotesi giunge il ritrovamento di lunghi tratti di strada lastricata e

Fig. 63. Un tratto di selciato, probabilmente romano, individuato nei pressi di Masone.

con pietre miliarie, ricordato dal Cassani[359], nonché la denominazione del passo come "Mont Mart" o "*Mons Martis*", ancora viva nel Cinquecento, che potrebbe riferirsi ad una antica dedicazione del

Fig. 64. Bannio Anzino (Vb). Corredo funerario. I sec. d.C.

claustrum[360]. Ugualmente asserisce una frequentazione antica del valico un documento del 1267, con cui Gotofredo di Biandrate s'impegna alla ricostruzione della strada[361]; del 1403, invece, è l'accordo tra gli abitanti di Sion e le comunità stanziate in Valle Anzasca per la sua manutenzione[362].

Domodossola

La tradizione storiografica attribuisce all'antico insediamento di Domodossola il nome di *Oscela Lepontiorum*, sulla base di una citazione della Geografia di Tolomeo[363]; più probabilmente la corretta denominazione è da riconoscere nell'*Oxilia* attestata in età gota dall'Anonimo Ravennate[364]. Centro principale del territorio meridionale occupato dai Leponti, i cui confini a sud dovevano coincidere all'incirca con l'imbocco della valle del Toce, insediamento romano, *civitas* gota o bizantina, la città ha però fino ad oggi lasciato scarsissime testimonianze archeologiche, a causa dell'innalzamento del suolo per cause naturali.

Per la sua stessa posizione, infatti, Domodossola è stata soggetta nei secoli a numerosi fenomeni di smottamento, nonché a fenomeni alluvionali da parte del Toce e del suo affluente Bogna, cosicchè i paleosuoli si trovano oggi a profondità notevoli, posizionabili tra i sei e i sette metri[365]. Le notizie più antiche di ritrovamenti archeologici all'interno della cintà medievale di Domo risalgono alla prima metà del XIX secolo. Il Labus registra la presenza di colonne marmoree al di sotto di Palazzo Mellerio, frammenti di pavimenti musivi in via Palazzo di Città, monete in Piazza della Chiesa[366].

Nel 1971, invece, durante lavori edilizi in un palazzo all'angolo tra corso Ferraris e corso Moneta, si rinvenne una tomba a inumazione, con muri a secco e copertura in lastre di beole[367]. Rimaneva ancora *in situ* parte di una stele sepolcrale decorata con una rosetta nella cimasa superiore; l'iscrizione dice: VIVI FECER/CLARO/FUENNO ET S(...) EIUS PATRI/PP. La tomba, evidentemente intatta e in giacitura primaria, si trovava ad una profondità di sei metri, a conferma dei fenomeni di sedimentazione che impediscono la comprensione e la conoscenza piena della topografia urbana antica.

Al di fuori del centro urbano si segnala il

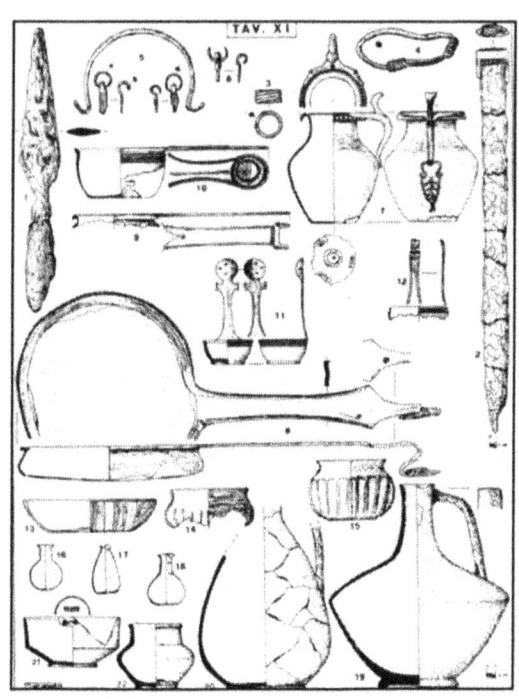

Fig. 65. Domodossola (Vb). Corredo funerario. Età giulio-claudia.

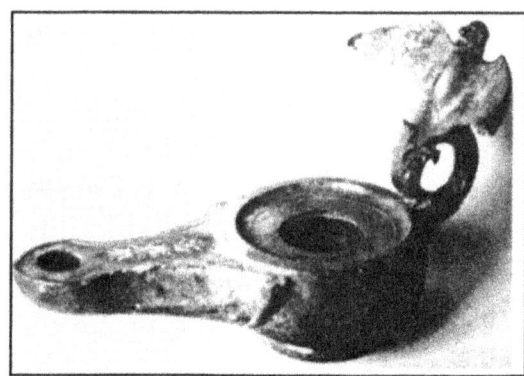

Fig. 66. Lucerna in bronzo, da Masera

ritrovamento di una tomba a pozzetto datata al I secolo d.C. in località Vagna di Bacenetto[368], e di un insediamento difensivo tardoantico o altomedievale il località Mattarella, lungo la strada per il Monte Calvario[369]. Qui, oltre a frammenti ceramici e in pietra ollare e a resti murari, si rinvenne anche un frammento di lastra sepolcrale tardoantica, che suggerisce la cristianizzazione del territorio già alla fine della romanità.

La Val Vigezzo e le Centovalli.

Da Domodossola una via di comunicazione naturale è rappresentata in riva sinistra idrografica del Toce dalla Val Vigezzo, lungo la quale doveva svolgersi un itinerario che permetteva di raggiungere l'alto Verbano.

Ancora sul fondovalle si attraversava Masera, da dove provengono cospicui materiali di età romana, tra i quali una pregevole lucerna in bronzo e molti oggetti d'importazione[370], poi si doveva attaccare la salita. Dopo un primo tratto in forte pendenza che corre tra rocce precipiti, la valle si allarga e si addolcisce; permette quindi una facile percorrenza e, scollinando oltre Re, scende attraverso le Centovalli o la Val Cannobina sul Locarnese.

A questa vocazione viabilistica naturale della valle corrispondono i dati della frequentazione umana, che è attestata fin dall'età preromana; in età romana imperiale i centri di popolamento sembrano essere numerosi, seppur di dimensioni ridotte.

Innanzitutto Santa Maria Maggiore, dove venne alla luce in passato una tomba ad incinerazione della prima età imperiale[371], ma anche le vicine Toceno[372] e Craveggia[373], dove sono state individuate aree cimiteriali inquadrabili nello stesso ambito cronologico.

A Craveggia, inoltre, è testimoniata una importante presenza umana in età goto-longobarda, attestata da numerose sepolture[374].

Tale insediamento appare particolarmente significativo, se ne consideriamo le implicazioni con la *vexata questio* dell'ubicazione di *Stationa*. Il sito, inserito dall'Anonimo Ravennate, come già ricordato, tra le *civitates* che in età gota costituivano distretti limitanei a controllo dei confini settentrionali, è stato posizionato dagli studiosi in diverse località verbanesi. Con forza se n'è asserita la coincidenza con la Angera romana, o, in alternativa, con Gravellona Toce o Montorfano.

Se si considera però che la città è nell'elenco dopo *Oxilla* e prima di *Bilitio*, la presenza in Val Vigezzo di un gruppo di armati goto-bizantini potrebbe rafforzarne il riconoscimento lungo la vallata; dove fosse l'insediamento, però, non è ad oggi chiaramente individuabile.

In chiave viabilistica spicca invece in modo inequivocabile il ruolo di Malesco, dove convergono dal lago sia la direttrice della Val Cannobina che quella delle Centovalli. Qui sono attestati fin dal 1829 rinvenimenti sepolcrali, sia nell'attuale centro urbano, sia in località Sesdro[375]; notevole però è soprattutto il ritrovamento nel 1888 di un tesoretto costituito di 12 monete auree, solidi e tremissi, e 250 d'argento, il cui termine *post quem* corrisponde ad età giustinianea[376].

Alle monete erano associati anche gioielli: una coppia di orecchini, una collana e due anelli con pietra sigillare, forse di riuso[377].

Imboccando la Val Cannobina a est, nell'abitato di Gurro è segnalata una necropoli di oltre 100 sepolture a cremazione e inumazione, individuata tra 1840 e fine secolo[378]: sembrerebbe trattarsi di un sito a lunga frequentazione, anche se l'unico aggancio cronologico è rappresentato da una moneta di Alessandro Severo.

A Re, posta all'imbocco delle Centovalli, sono invece note almeno due aree necropolari di età imperiale, in località Folsogno e Fois[379].

A nord di Domo.

Tornando al percorso di valico transalpino, a nord di Domodossola, secondo le ipotesi più probabili e sulla base delle presenze umane archeologicamente documentate, la possibilità di attraversare la catena alpina doveva usufruire di più direttrici, che, con mulattiere e senza permettere il passaggio di carri, consentivano di attraversare le montagne.

L'Alburn Pass.

Un primo tracciato doveva con certezza dirigersi verso l'Alburn Pass, attraverso la Formazza e la Val Antigorio. Ritrovamenti d'ambito funerario datati ai primi due secoli dell'età imperiale testimoniano massiccia frequentazione umana in comune di Crodo, nelle frazioni di Mozzio[380], Cravegna[381] e Molinetto[382], a Baceno[383] e Premia[384], mentre dal greto di un torrente all'Alpe Devero proviene un sesterzio d'argento di Marco Aurelio[385].

Unico elemento a sfavore di questo tracciato è l'elevata altitudine del passo (2409 m slm), ma altre considerazioni portano elementi forti a conforto di questa prima ipotesi. Da una parte l'ottima fattura della mulattiera ancora percorribile oggi, in lastroni di micascisto ben posizionati a formare scalini nei passaggi più erti o difficili; dall'altra la facile percorribilità della Valle di Binn, sul versante opposto, da cui provengono anche numerosi reperti romani da contesti funerari[386].

Inoltre attraverso l'Alburn Pass si permettevano comunicazioni dirette e relativamente semplici nel percorso con il Vallese, e con il suo capoluogo (Sion).

L'approfondirsi dello studio degli insediamenti umani dell'alto Vallese, d'altro canto, evidenzia sempre più gli stretti rapporti culturali e materiali tra la comunità locale (gli *Uberii* di plinina memoria[387]) e il territorio leponzio sul versante opposto della catena alpina. Sia per la cultura materiale, gli utensili, le importazioni ceramiche, fino alla tipologia abitativa ed edilizia, i confronti più pertinenti per i siti di Brig-Waldmatte e di Oberstalden sono riscontrabili in territorio ossolano più che nel basso Vallese[388].

Quel comprensorio, infatti, doveva trovare il suo sbocco naturale da una parte verso il Lemano, dall'altra nelle grandi vie di valico transalpine del Piccolo e Gran San Bernardo, soprattutto dopo la fondazione di *Forum Claudii Vallensium* (Martigny). Gli *Uberii*, invece, più vicini per economia e cultura al ceppo leponzio degli ossolani, non sembrano assumere pienamente i costumi romani, mantenedosi isolati dal contesto transalpino occidentale e preferendo contatti più stringenti col

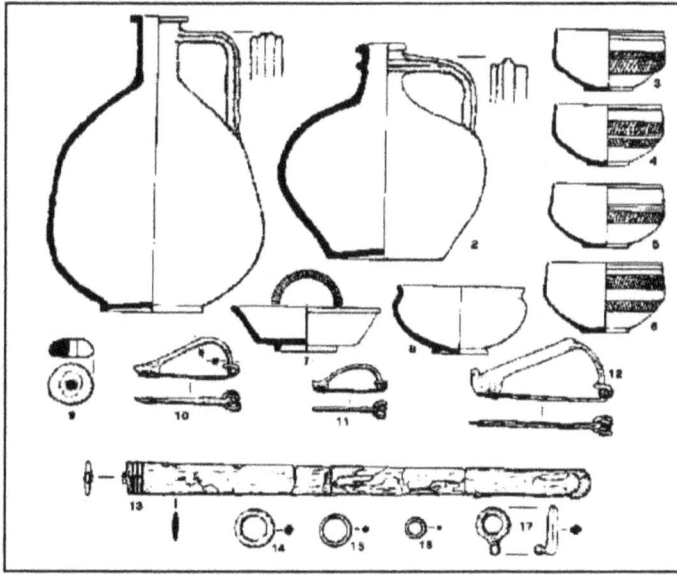

Fig. 67. Mozzio. Corredo Funerario. Età giulio-claudia.

Fig. 68. La mulattiera per l'Albun Pass.

versante italiano delle Alpi Lepontine.

Indizio archeologico di tale situazione è, ad esempio, la presenza esclusiva fino alla fine del I secolo d.C. di vasellame d'importazione di produzione padana, solo in minima parte sostituito nei decenni successivi da materiali gallici provenienti dal Basso Vallese, ma anche la quasi

Fig. 69. Waldmatte. Stanza interrata (cantina) di un edificio dell'abitato d'età imperiale.

totale assenza di anfore e il conservatorismo morfologico degli oggetti d'uso quotidiano[389].

Il Passo del Sempione

L'interpretazione più tradizionale, invece, considera il valico del Sempione come l'arteria principale che faceva capo ad *Oscela Lepontiorum*; di qui sarebbe stato possibile raggiungere la *Raetia* attraverso la val Divedro. Gli elementi a favore di tale ipotesi, in realtà sono piuttosto deboli: si tratta essenzialmente di due iscrizioni, una in territorio italiano, l'altra in Svizzera.

Nel primo caso l'epigrafe si trova a sinistra della strada attuale che sale al Sempione, presso il Ponte dell'Orco; reca una dedica che recita TINCO MOCCO, ed è interpretata dagli studiosi come iscrizione *pro itu et reditu* al dio Mercurio, protettore dei viandanti, nella sua attribuzione locale ad una divinità celtica cui si dava il nome di *Moccus*, nota per numerosi altri casi[390]. La seconda è l'indicazione di distanza di XVII LEUGAE, iscritta su un miliario di Sion, datato alla metà del II sec. d.C.[391], che potrebbe corrispondere all'effettiva percorrenza dal valico all'importante centro romano di *Sedunum*.

D'altro canto, però, la situazione geomorfologica del territorio non consente di ipotizzare una frequentazione massiccia del valico in chiave viabilistica, in quanto un tale percorso, pur esistente, doveva funzionare solo per viandanti e bestie da soma. L'impraticabilità del tracciato ai carri è testimoniata, come antica consuetudine, negli Statuti della Val Divedro, del XIV secolo[392]: al ponte di Crevoladossola si abbandonavano i mezzi di trasporto, per proseguire a piedi e caricare le vettovaglie su asini o cavalli.

Recentemente sono stati portati nuovi argomenti a supporto della tesi di una più massiccia frequentazione del valico; si tratta di alcune acquetinte ottocentesche che rappresentano scorci della strada del Sempione. In una di esse è visibile la sede stradale tagliata nella parete rocciosa al passaggio per Gondo, nell'altra delle sostruzioni in

Fig. 70. Crevoladossola (Vb). Tratto lastricato della strada per il Sempione.

pietra su cui poggia la strada napoleonica.

Come suggerito in altra sede[393], solo l'analisi dei cartellari degli ingegneri napoleonici potrebbe apportare dati più certi, verificando se per il progetto della nuova sede stradale ci si avvalse o meno di costruzioni precedenti. Anche in questo modo, però, non sembra possibile datare interventi infrastrutturali di tal fatta, che potrebbero rimontare a sistemazioni di età medievale o successiva, se non attraverso un'analisi autoptica delle murature.

Nel complesso sembra verosimile che l'ipotesi di una scarsa frequentazione della Valdossola in chiave viabilistica durante l'antichità si debba abbandonare. La valle, per la sua stessa morfologia, costituisce un asse di penetrazione importante verso le regioni transalpine, anche se la conformazione del rilievo, senza valichi a bassa quota e con percorsi particolarmente scoscesi e difficili, impedisce di fatto un pieno utilizzo delle percorrenze stradali.

I percorsi evidenziati dovettero avere importanza soprattutto in chiave locale, per le comunicazioni dei gruppi umani romanizzati con le aree perilacustri del Verbano e l'alta pianura milanese e novarese. Nulla però toglie che in alcuni momenti storici fosse possibile utilizzare anche la via dell'Ossola per raggiungere le regioni d'Oltralpe, in particolare il Vallese e di qui il Lemano, ma probabilmente attraverso vie pedonali o con bestie da soma per il trasporto delle merci. Un apparato viabilistico di tal fatta, di conseguenza, non rientrò mai nel novero delle grandi vie transalpine a diretto controllo statale, ma probabilmente dovette la sua efficienza e la sua manutenzione agli interessamenti delle comunità locali.

Il silenzio sull'Ossola in età altomedievale, di conseguenza, non fa che rafforzare una tale ricostruzione; solo l'Anonimo Ravennate, nel VII secolo, suggerisce l'inserimento dell'Ossola nel sistema di *limes* fortificato messo in opera durante la guerra greco-gotica a controllo delle vie transalpine. Il geografo ricorda *Oxilla* tra le *civitates non longe ab Alpe* che lo costituivano, mentre gli storici locali ricostruiscono i capisaldi fortificati di tale sistema fortificato nel *castrum* di Gravellona Toce e nelle torri di Montorfano e Feriolo.

Al crollo del sistema-territorio romano non sappiamo se corrispose un effettivo abbandono delle vie di valico dell'Ossola, che probabilmente rimasero in uso per i traffici locali.

E' solo dall'XI secolo, però, che la frequentazione delle Alpi centrali in chiave economica e di traffici commerciali si ripropone prepotentemente. I mercanti milanesi, infatti, riconobbero nella via del Sempione e del Passo di Gries, poco più a nord, la più comoda via di penetrazione verso l'Europa centrale; così, attraverso trattati e patti commerciali che ponevano in rapporto privilegiato Milano con le città svizzere, la via ossolana assurse ad importanza singolare, beneficiandone soprattutto come assetto stradale. Nel 1291 la corporazione dei mercanti di Milano strinse un patto con il vescovo-conte di Sion per regolare gli oneri di manutenzione della strada e dei ponti[394], mentre con la convenzione di Münster, del 1397, si inaugura una cooperazione "italo-svizzera", tra la città di Berna, i monaci di Interlaken, le comunità delle valli di Hasli e di Goms e della Formazza e Ossola, per la costruzione, manutenzione e sicurezza della strada del Sempione.

La via del Sempione venne più volte restaurata e sempre mantenuta in buona efficienza, anche se carrozzabile solo fino a Crevoladossola. Solo nel 1801 Napoleone Bonaparte provvide alla costruzione di un nuovo percorso, che da Milano raggiunge tutt'oggi il Vallese con una sede interamente percorribile con carri.

---

[309] *Infra*, pp. 55-59.
[310] DE VIT 1875, pp. 179-180. "*Nelle vicinanze di Castelletto Ticino esistono ancora nell'alveo del fiume omonimo, visibili soltanto durante una magra eccezionale, gli avanzi della platea sottostante a*

quell'antichissimo ponte romano al quale faceva capo la strada proveniente da Arona...".

[311] LUCIONI 2000, p. 175.

[312] DE VIT 1875, pp. 103-104 ; GRASSI-MANNI 1990, pp. 40-41. Lungo la strada statale che unisce Feriolo a Gravellona, nel 1993 furono segnalati alcuni tratti di un manufatto stradale. Si riconobbero due fasi di utilizzo, delle quali la più antica risaliva ad epoca romana.

[313] CARAMELLA-DE GIULI 1988.

[314] NANGERONI 1955; PIANA AGOSTINETTI 1991, p. 224; BARBANTI 1997.

[315] Da ultimo PANERO 1999.

[316] BANZI 1999, pp. 113-117.

[317] Sul complesso dell'epigrafia ossolana e dell'Altonovarese si veda MENNELLA 1998, pp. 172-175.

[318] BAROCELLI 1918, pp. 81-84. La frequentazione della necropoli perdura dalla prima età del ferro fino ad età giulio-claudia.

[319] CARAMELLA-DE GIULI 1993, pp. 131-172. Vi sono stati riconosciuti due periodi di frequentazione, uno di età augustea e uno tardoantico, datato a fine III-IV secolo d.C. Una campagna di scavo effettuata nell'estate 1998 ha posto in luce ulteriori sepolture, che testimoniano la frequentazione del sito fino al VII secolo d.C.

[320] PEJRANI BARICCO 1998. Il deposito archeologico, in alcuni punti conservato per oltre 3 metri di profondità, consente di riconoscere una frequentazione pre-protostorica dell'isola. Successivamente, tra V e VI secolo d.C., si attua una bonifica del suolo che prepara la fondazione di un abitato fortificato. La prima menzione del *castrum Sancti Iulii* è del 911 d.C., ma l'occupazione dell'isola di S. Giulio da parte dei Longobardi è documentata da Paolo Diacono (Hist. Lang. IV, 3).

[321] In generale sui molti ritrovamenti del passato ad Ornavasso si vedano i quattro volumi *I sepolcreti di Ornavasso*, I-IV.

[322] PATTARONI 1986. In generale si veda anche DEODATO 2001.

[323] Per l'importanza della direttrice di traffico Ticino-Po-Adriatico e Ticino-Scrivia-Tirreno durante l'Età del Ferro si veda DE MARINIS 1988, pp. 192-201.

[324] Tomba 15. Si veda *Etruschi* 1987, p. 57.

[325] Alla frequentazione etrusca si deve probabilmente anche l'introduzione della viticoltura, come attestato archeologicamente a Castelletto Ticino e come conferma la diffusione del vaso a trottola, funzionale alla distribuzione del vino. Si veda GAMBARI 1994, p. 19-34; SPAGNOLO GARZOLI 1994, pp. 45-53.

[326] A quest'epoca si data l'unico recinto funerario famigliare, all'interno del quale si trovava la cosiddetta "tomba gentilizia femminile": il corredo funerario era composto di vari contenitori per profumi, un servizio da mensa in terra sigillata e da pezzi rari, come un pregiato bacile bronzeo. Cfr. PATTARONI 1986, pp. 68-73.

[327] In generale POLETTI ECCLESIA 2001.

[328] In corrispondenza delle murature più profonde, non completamente scavate, si rinvenne ceramica a vernice nera, vasellame bronzeo tardorepubblicano e una dracma padana con legenda *rikoi*. Cfr. POLETTI ECCLESIA 2001, p. 2, e bibliografia relativa.

[329] Nella "Casa del Pescatore" un'officina metallurgica è attestata da un focolare per la forgia, da numerose scorie di minerale di ferro e da piccoli pezzi di piombo, forse usati come saldante. Cfr. POLETTI ECCLESIA 2001, p. 4 e note 32-33.

[330] Nell'edificio delle "Stalle" si sono rinvenuti numerosi attrezzi per la lavorazione del legno. Cfr. POLETTI ECCLESIA 2001, nota 31. Non mi sembra comunque possibile distinguere tra un uso privato degli utensili o un'attività artigianale ad essi legata.

[331] La produzione di pane è documentata dal forno per la panificazione della "Casa del Forno"; latte e derivati sono ipotizzabili sulla base della documentata attività di allevamento ovocaprino.

[332] Così le cosiddette "Casa del Pescatore" e "Casa del Forno" del Pattaroni. Cfr. PATTARONI 1986, pp. 132-134 e 142-146. Confronti molto puntuali si rinvengono nell'Alto Vallese, negli abitati di Brig/Waldmatte, Oberstalden e Binn, dove sono attestate un centinaio di abitazioni a struttura unica in pietra e legno. Cfr. PACCOLAT 1997; PACCOLAT-WIBLÉ 1997; PACCOLAT 2000.

[333] L'edificio fu denominato dal Pattaroni "Le Stalle". Cfr. PATTARONI 1986, pp. 163-165; SPAGNOLO GARZOLI 1998, p. 80. Un confronto archeologico è in CAVADA 1994, p. 90. Per edifici ancora in uso si veda BONAPACE 1997, p. 287.

[334] Lo sfruttamento del minerale di ferro locale, presente in abbondanza in tutto il bacino idrografico del Toce, è suggerito dall'ambiente artigianale individuato nella "Casa del Pescatore", dov'era abbondante presenza di scorie metalliche.

[335] DONNA D'OLDENICO 1972, pp. 34-38.

[336] PATTARONI 1986, p. 71 e 146.

[337] Nella Carta Archeologica d'Italia, foglio 30 (CONTI 1932), ai numeri 3-4, presso la Cascina Bender si annotano "*tracce di probabile strada romana, dalla chiesa di S. Bernardo al primo sottopassaggio della ferrovia. Costituite da lastroni poligonali di pietra, muretti laterali e cunette. Mancanti in lunghi tratti, perché asportati per la costruzione della strada napoleonica*".

[338] Minerali auriferi sono presenti in buona quantità in Val d'Ossola, ma non esistono dati concreti per ipotizzarne uno sfruttamento in età antica. Solo a Iselle, in val Divieria, si sono individuate delle strutture in pietra a secco che si possono interpretare come funzionali a delle *aurofodinae* per la setacciatura di sabbie aurifere, simili a quelle riconosciute nel ricco giacimento della Bessa, presso Ivrea. Cfr. PIANA AGOSTINETTI 2000, p. 113, nota 38, e pp. 118-121. Notizie non controllabili riportano la scoperta di gallerie artificiali molto strette nella miniera "dei Cani" in Valle Anzasca,

durante la ripresa del suo sfruttamento, nel XVIII secolo.

[339] L'analisi dei reperti in pietra conservati nel nuovo Lapidario di Novara ha posto in evidenza come tutti gli elementi in gneiss provengano da cave ossolane, per un totale di 59 pezzi; il granito è rappresentato quasi esclusivamente da materiale del giacimento di Montorfano; per quanto riguarda il marmo, tutte le iscrizioni e le are non figurate, quindi di produzione locale corrente, utilizzano materiale delle cave di Candoglia o Crevoladossola. Cfr. FRISA MORANDINI-GOMEZ SERITO 1999, pp. 125-129.

[340] Plinio (N.H. XXXVIII, 10, 4) afferma che in Europa è pregiato il cristallo di rocca delle Alpi. Ugualmente da Plinio apprendiamo che esso veniva utilizzato in medicina (N.H. XXXVII, 10, 28) e per la produzione di vasi intagliati (XXXVIII, 10, 29); ritrovamenti archeologici ne attestano invece un uso funerario o come offerta votiva (PIANA AGOSTINETTI 2000, pp. 111-113 e bibliografia relativa).

[341] In particolare resina, pece, formaggio, miele, legname e cera. Si veda *Strab.* IV 6, 9, 207C.

[342] Per la presenza della pietra ollare in Ossola si veda PIANA AGOSTINETTI 2000, pp. 108-111.

[343] *Plin.* N.H. XXXVI, 159, 44.

[344] PIANA AGOSTINETTI 1995, pp. 139-146.

[345] Oltre cinquanta tombe vennero alla luce tra 1939 e 1940 e più tardi nel 1969. Si tratta di tombe a cremazione diretta entro fossa, rivestita da lastre litiche. DE GIULI 1973, pp. 52-70.

[346] Necropoli di età imperiale a cremazione diretta entro fossa, rivestita di lastre litiche; consta di una quarantina di sepolture. DE GIULI 1974, pp. 3-11.

[347] In loc. Rubianco scavi sistematici misero in luce una struttura in pietra a pianta quadrata con pavimentazione in mattoni, e una struttura voltata, i cui laterizi di copertura mostravano di aver subito un lungo contatto con il fuoco, che si interpretò come fornace. Una moneta flavia data la frequentazione del sito alla seconda metà del I secolo d.C. Cfr. DE GIULI-TUFFANELLI 1978, pp. 16-23.

[348] Nella Carta Archeologica d'Italia, foglio 30 (CONTI 1932), ai numeri 7-8 in località Torrente Quartino, si annotano *"tracce incerte di strada, forse in origine romana. E' una strada antica, larga in media 2 metri, corrente a monte della provinciale Mergozzo-Pallanza, con fondo in lastroni di sarizzo e con tratti completi di selciato"*.

[349] CIL V, 6649.

[350] Per la prima volta lo annota nel 1666 il Borri Canova (BORRI CANOVA 1666, p. 14), poi il Capis (CAPIS 1673, p. 105). Nel 1835 ne fu fatto un calco, che il Labus studiò (LABUS 1843, pp. 1-20), proponendo una integrazione al testo epigrafico. Sulla storia degli studi riguardo all'epigrafe di Vogogna si veda CONSALVI 1999, pp. 565-575.

[351] L'unica attestazione di lastricato stradale antico a Vogogna, frazione San Rocco, è in BELLEZZA 1964.

[352] *Herodian.*, Hist. III, 6: "...mandò anche un esercito per impadronirsi dei passi delle Alpi e difendere le vie d'accesso all'Italia".

[353] Ad esempio il Fraccaro (FRACCARO 1956) e, più recentemente, il Mennella (MENNELLA 1992, pp. 21-31).

[354] Devo l'interpretazione al dottor Filippo Maria Gambari, che la discusse durante la conferenza d'inaugurazione della mostra fotografica "*In Summo Plano*", tenutasi a Ornavasso il 21 settembre 2001.

[355] GAMBARI 1999. Su base stilistica la testa in bassorilievo si data tra la fine del III ed il II secolo a.C. Si noti anche il continuo riutilizzo della scultura, fino all'attuale fontana, considerata benedetta dalla popolazione locale.

[356] Si è più volte ipotizzato, con buoni argomenti (CAVANNA 1982, pp. 93-106; VEDALDI IASBEZ 2000, p. 251) che il territorio dei Leponzi fosse stato diviso tra la *Regio XI Transpadana* e la *praefectura* della *Raetia-Vindelicia-Vallis Poennina*. La possibilità di individuare in un santuario di Belenos-Mercurio un luogo di culto limitaneo aggiunge forza all'ipotesi storica.

[357] PIANA AGOSTINETTI 1972, pp. 198-200; DE GIULI-ZANCA 1980: CARAMELLA-DE GIULI 1993, pp. 26-27.

[358] FELLMANN 1990. Lo studioso propone una direttrice che, dall'Oberland bernese, giungesse nel Vallese attraverso il Col des Eaux Froides. Qui, presso l'Alpe di Iffingen, sono stati rinvenuti i resti di una stazione di sosta, edificata in pietra locale e coperta da tegoloni a risvolto.

[359] CASSANI 1962, p. 106. L'autore cita *"vasti ed estesi tratti di strada romana formata e lastricata di quadroni di micascisto diligentemente collocati e con pietre migliarie"*.

[360] RIZZI 1986, p. 102.

[361] RIZZI 1986, pp. 97-102.

[362] COOLIDGE 1990, p. 56.

[363] *Ptol.*, Geogr. III, 34. Le coordinate indicate da Tolomeo per il centro di *Oskela Lepontion* lo pongono nell'area del regno di Cozio, nel territorio dei Taurinii, ben più a ovest. Cfr. VEDALDI IASBEZ 2000, p. 245.

[364] *An. Rav.* IV, 30. La denominazione si inquadra cronologicamente tra fine V e inizio VII secolo.

[365] All'interno del centro urbano, ad esempio, una tomba con stele funeraria in giacitura primaria fu individuata nello scavo di un pozzo perdente nel 1971, ad una profondità di circa sei metri.

[366] LABUS 1843 p. 18.

[367] BERTAMINI 1972 p. 126.

[368] BERTAMINI 1974 pp. 205-206.

[369] DE GIULI 1978 pp. 189-191; BERTAMINI 1977, 1, pp. 8-17 e 57-60.

[370] I ritrovamenti vennero effettuati tra 1853 e 1893; furono pubblicati dal Bazetta (BAZETTA 1893). Si veda anche CARAMELLA-DE GIULI 1993, pp. 73-82.

[371] BERTAMINI 1972a pp. 102-104.

[372] In località Signa Sopra si individuarono negli anni 1977-1978 più tombe a cremazione di I e II

secolo d.C. Cfr. CARAMELLA-DE GIULI 1993, pp. 214-217.

[373] In località Marlè nel 1978 vennero alla luce cinque tombe a pozzetto di età augustea (BERTAMINI 1979, p. 206); presso Vocogno, invece, si registra l'individuazione di materiale sporadico databile alla seconda metà del I secolo d.C. (CARAMELLA-DE GIULI 1983, pp. 79-80).

[374] UGLIETTI 1982; ID. 1983; ID. 1984; ID. 1985; ID. 1986; SPAGNOLO GARZOLI 2000. In località Marlè, presso la necropoli romana, si individuarono negli anni 1980-1981 ben ventisei tombe ad inumazione entro cassa litica, i cui corredi rimandano ad età goto-bizantina.

[375] CARAMELLA-DE GIULI 1993, pp. 65-70.

[376] ARSLAN 1998, pp. 293-294. La notizia del ritrovamento, già in parte disperso, è in FERRERO 1889.

[377] La notizia registra la presenza di due anelli-sigillo con pietra azzurra. E' ben attestata, sia in ambiente goto e bizantino che in ambiente longobardo, la pratica del riuso di gemme incise romane nell'oreficeria, specialmente in anelli sigillari (il fenomeno è analizzato in DOLCI 2002a).

[378] CARAMELLA-DE GIULI 1993, p. 59.

[379] SPECULATOR 1973, pp. 129-130.

[380] In località S. Giuseppe si rinvennero a più riprese sepolture tardo celtiche e della prima età imperiale. BERTAMINI 1980, pp. 32-33; CARAMELLA-DE GIULI 1993, p. 46.

[381] Due tombe di II secolo d.C. vennero rinvenute dal signor Iussi di Mozzio in occasione di scavi edili. BERTAMINI 1980, pp. 32-33.

[382] Presso le fonti termali di Molinetto vennero alla luce due tombe, di cui una celtica, l'altra di età imperiale. Cfr. PIANA AGOSTINETTI 1991, pp. 201-202; SCAFILE 1972, p. 133.

[383] Una tomba ad inumazione in cassetta di lastre litiche proviene dai terrazzi tra Baceno e la frazione Riviera. Il materiale del corredo data la tomba al II secolo d.C. Cfr. CARAMELLA-DE GIULI 1981, pp. 77-80.

[384] Tra le frazioni di Rozzaro e di Pioda, nel 1974 vennero alla luce tre sepolture a cremazione entro fossa rivestita di lastre litiche. Il corredo permette di datarle ad età augustea. Cfr. CARAMELLA-DE GIULI 1993, pp. 199-200.

[385] La notizia, insieme a quella del ritrovamento di altre monete, è in CARAMELLA-DE GIULI 1982, p. 154.

[386] PACCOLAT 1997 e bibliografia relativa. La valle è già frequentata in età neolitica e, stabilmente, durante la prima età del ferro.

[387] *Plin.*, N.H. III, 135: "*...Lepontiorum qui Uberi vocantur fontem Rhodani eodem Alpium tractu*".

[388] Per la romanizzazione dell'Alto Vallese si vedano PACCOLAT-WIBLÉ 1999; WIBLÉ 2001.

[389] Ben indagati sono i rapporti assai stringenti tra le comunità dei due opposti versanti delle Alpi durante l'Età del Ferro. Cfr. KAENEL 2000.

[390] L'iscrizione è nota fin dal 1603 (MORIGIA 1603, p. 31). Cfr. CIL V, 6650. Il Mennella (MENNELLA 1998 p. 173) ipotizza che si tratti di culti preromani mantenutisi nel tratto più montano dell'itinerario per la natura conservativa delle aree alpine meno profondamente romanizzate.

[391] CIL XII, 5518. IIMMPP CCAA/ EESS GALLO T/ VOLUSIANO/ P F AUGG AVEN/ LEUG/ XVII. Secondo il Mommsen il miliario è relativo alla distanza tra *Sedunum* e *Aventicum*.

[392] Cfr. ALVAZZI 1943, pp. 33-34. Il testo, del 1321, dice: "*... et salvo et reservato quod possint a ponte de Crevola inferius si est plaustrum vel equus praesens ad cargandum incontinenti ... et non possit cambiare si somae vadunt in unam partem.*"

[393] Le acquetinte sono state presentate ad Ornavasso nell'autunno 2001, in occasione dell'inaugurazione della mostra "*In Summo Plano*", dal dottor F. M. Gambari.

[394] *Gries* 1998 p. 76 e bibliografia relativa.

Conclusioni

La situazione viabilistica ricostruita nei capitoli precedenti sulla base della documentazione più varia può essere ricondotta ad alcuni caratteri generali, che permettono di contestualizzare con precisione un fenomeno storico di lunga durata come quello della viabilità alpina nel settore lepontino e retico.

Tre appaiono gli elementi cogenti, tanto sul piano naturale quanto su quello umano, che caratterizzano lo svolgersi della rete stradale in questo specifico settore, intrinsecamente collegati e ugualmente determinanti sia per la scelta delle direttrici di valico, sia per la loro frequentazione, più o meno massiccia a seconda del rilievo assunto dagli elementi stessi in ciascuna congerie storica.

1- *Geomorfologia.*

Primo e principale elemento cogente per lo sviluppo di una rete stradale strutturata e funzionale è la conformazione geomorfologica del territorio.

In generale i settori indagati presentano caratteristiche simili, con una fascia pedecollinare d'origine morenica inframmezzata da bacini umidi semi-paludosi; importante risulta la possibilità di sfruttare le vie d'acqua rappresentate da una parte dal sistema fluvio-lacuale Ticino-Verbano, dall'altra dal Lario.

Unica differenza, in questo senso, è nella diversa capacità di comunicazione dei due sistemi lacuali.

Da una parte è archeologicamente documentato come il Verbano e il Ticino abbiano contribuito notevolmente allo sviluppo dei contatti commerciali tra asse padano e settore alpino, e di conseguenza all'acculturazione dell'*ethnos* indigeno; la possibilità di comunicazioni dirette e senza soluzione di continuità con *Ticinum* e le città della pianura fanno dell'intero comprensorio un privilegiato sistema viabilistico e un riferimento alquanto significativo per il popolamento del territorio.

Al Lario, invece, appartiene una vocazione precipuamente settentrionale, poiché pone in contatto diretto una colonia, poi *municipium*, quale *Comum*, con le *gentes* alpine; i rapporti economici, commerciali e umani con la pianura padana vera e propria non poterono di fatto prescindere, in questo caso, dalla viabilità terrestre, rappresentata nello specifico dalla via *Comum – Mediolanum* e dalla capillare rete di comunicazione che attraversava la Brianza.

La città, infatti, racchiusa nella convalle, protetta dall'altura del Baradello e dalla Spina Verde, manca del tutto di un collegamento con la valle del Seveso, che rappresenta il più vicino e diretto bacino idrografico di comunicazione verso la media pianura.

Il Ceresio, invece, rivestì una funzionalità puramente locale, non essendo collegato a valle ai maggiori centri di popolamento della pianura; per la sua posizione trasversale rispetto alle vie di comunicazione transalpine, disposte sull'asse nord-sud, il lago dovette sviluppare una vocazione strettamente legata ai piccoli centri che s'insediarono sulle sue sponde, prime tra tutte Riva San Vitale e Lugano. La loro crescente importanza a partire dalla prima età barbarica, d'altronde, si lega senza dubbio al nuovo ruolo di "cerniera" tra regno longobardo e Franchi a nord che il Ticino venne a rivestire dalla fine del VI secolo, piuttosto che alla posizione del lago o alla natura dei suoli.

Ugualmente importante risulta la geomorfologia propria della via naturale di penetrazione verso i valichi alpini di volta in volta sperimentata: differenti possibilità presentano, infatti, i vari percorsi a seconda dell'altitudine del valico, della pendenza del percorso nell'ascesa, della presenza o meno di elementi ambientali favorevoli o contrari alle comunicazioni.

E' forse semplicistico immaginare che ad altitudine maggiore del valico corrispondesse una maggiore e più duratura presenza di neve; oppure che un pendio più erto e irto di difficoltà naturali non permettesse l'utilizzo di mezzi di trasporto e limitasse quindi il trasporto di merci e i contatti commerciali. Sta di fatto, però, che questi dovettero essere anche nel mondo antico elementi non secondari per lo svilupparsi della rete stradale, come ancora in tempi recenti.

Così, ad esempio, l'utilizzo precipuo riconosciuto ai valichi della Val Bregaglia rispetto al pur vicino Passo Spluga si spiega anche nella differente morfologia dei due percorsi vallivi: se il primo sale "a gradoni" verso i valichi, con lunghi pianori a pendenza minima, facilmente percorribili e sfruttabili per le attività umane, il secondo deve necessariamente affrontare dislivelli maggiori e pendii più erti; inoltre alcuni punti di difficile attraversamento, come le gole del Cardinello, ne limitarono necessariamente la frequentazione, specialmente per carovane e trasportatori di beni mobili.

Ugualmente il Passo del Sempione, con le aspre gole di Gondo, da superare in quota e con difficoltà ancora in epoca recente, non fu mai utilizzato in modo concorrenziale con i non distanti valichi del Grande e Piccolo San Bernardo, anzi, l'evidenza archeologica e alcune considerazioni storiche, di cui si è già detto, fanno ipotizzare una subalternità anche all'adiacente Passo dell'Arbola.

Pochi dati sono stati raccolti per i valichi ticinesi; dal punto di vista geomorfologico si tratta di percorsi decisamente abbordabili, che sfruttano l'alta valle del Ticino e salgono poi senza brusche impennate a passi di non eccessiva altezza.

Probabilmente intervengono, in questo caso, motivazioni di altra natura a spiegarne un utilizzo scarso o che, per lo meno, non ha lasciato tracce facilmente identificabili.

Solo l'analisi distributiva e comparativa dei materiali archeologici dei due versanti alpini, infatti, sembra suggerirne un ruolo importante, anche se in chiave esclusivamente locale.

2- *Antropizzazione*.

Un elemento che risulta determinare in maniera ancor più significativa la scelta delle percorrenze stradali è in secondo luogo la presenza umana sul territorio e la distribuzione degli insediamenti, nonché la loro gerarchia.

Ciò vale per il versante meridionale della catena alpina, compreso in età imperiale nella *Regio XI Transpadana* dopo la riorganizzazione amministrativa voluta da Augusto, ma ancor più per il settore transalpino, dove i maggiori centri amministrativi romani si configurano anche come assi portanti di tutta la rete di comunicazioni verso il *limes* renano e quello danubiano.

In quest'ottica, la rappresentazione su un documento cartografico ufficiale quale la Tabula di Peutinger della sola via *Comum – Curia* trova spiegazione proprio nell'importanza della direttrice per i rapporti economici e politici tra due centri di primaria importanza.

Oltre a trovarsi sulla via per *Augusta*, capoluogo della *Raetia*, tramite il nodo stradale di *Brigantium* (Bregenz), *Curia* diviene in età imperiale centro amministrativo della *Raetia Prima*; dell'importanza di *Novum Comum*, colonia cesariana prima e *municipium* poi, si è già scritto e detto molto: evidentemente una direttrice stradale che poteva in parte utilizzare una via d'acqua per i trasporti più onerosi, poteva attraversare la catena alpina superando valichi relativamente di facile percorribilità, che poneva in diretto rapporto due *urbes* di primaria importanza politica e economica, centri da cui si irradiava la cultura romana alle *gentes* indigene, non potè che risultare privilegiata e acquisire visibilità e utilizzo preponderante.

Se poi consideriamo che questo risultava il percorso più breve che dal settore renano-danubiano conduceva a *Mediolanum*, vero centro di riferimento per tutta l'alta pianura padana in virtù specialmente della sua posizione, prima ancora delle scelte politiche che ne determinarono l'ascesa in età tardoantica fino ad assurgere a residenza imperiale, sembra chiara la motivazione per cui le vie di valico lariane furono scelte come asse principale e portante del sistema viabilistico nelle Alpi Lepontine e Retiche.

A confronto, raggiungere la *Raetia* e *Curia* dal San Bernardino o dal valico del Lucomagno risultava un percorso certamente più lungo; forse altrettanto comodo, data la possibilità di sfruttare la via d'acqua del Verbano-Ticino fin oltre Bellinzona, ma comunque meno attrezzato e probabilmente anche più rischioso per alcune difficoltà naturali specialmente nel settore transalpino (ad esempio le gole della Via Mala, oltre Splügen).

Piuttosto la via ticinese sembra essee stata funzionale ai commerci, che sfruttavano l'asse fluvio-lacuale sia in senso nord-sud, per trasportare in area centropadana materie prime (legname, pietra, cristallo di rocca) e prodotti locali (formaggi, miele, cera), ma anche prodotti artigianali come i vetri locarnesi o le ceramiche del *vicus* di Angera, sia soprattutto in senso opposto.

E' chiaro, ormai, alla luce dei molti studi specialistici puntuali, che il Ticino funzionò tra la tarda età repubblicana e il I secolo d.C. da tramite per la distribuzione nelle valli alpine di prodotti mediterranei e padani, olio, vino, olive, ma anche vasellame ceramico di pregio, gioielli, oggetti di lusso, che contribuirono ad accelerare il processo di romanizzazione delle *élites* indigene e, conseguentemente, di tutto l'*ethnos* celtico qui insediato.

Ciò avvenne, chiaramente, con tempi, modi e intensità differenti; permeanevano ambiti specifici, nicchie in cui il conservatorismo culturale era ben lungi dall'attenuarsi, come nei costumi funerari o nelle attività produttive. L'oggetto-strada, però, funzionò da elemento facilitante per entrare in rapporto con differenti modi di produzione, di uso delle ricchezze, di sfruttamento dei suoli, di rapporti sociali. Una cultura non necessariamente superiore, ma che nel tempo s'impose e sfruttò anche la possibilità offerta dal territorio per espandersi oltre la catena alpina.

Con la media età imperiale, però, l'alta valle del Ticino funzionò anche in direzione opposta, permettendo ai prodotti transalpini (specialmente alla terra sigillata est-gallica) di trovare comodi corridoi verso sud. Centro di smistamento a nord delle Alpi risulta essere Coira, dove giungono tramite l'asse fluviale del Reno prodotti ceramici da ovest, ma, ad esempio, anche l'olio spagnolo che soppianta le importazioni istriane; San Bernardino, Lucomagno e, più ad est, i passi dei Grigioni orientali, dovettero essere quindi utilizzati per il trasporto a sud di produzioni transalpine.

La realtà insediativa della Val d'Ossola, invece, giustifica in buona parte il silenzio degli autori antichi su questo comparto territoriale, né le ricerche qui effettuate possono modificare la visione piuttosto minimalista che della viabilità ossolana è stata finora proposta.

L'unico centro di un qualche rilievo pare essere Gravellona Toce, cui si possono aggiungere la vicina Ornavasso sulla scorta della documentazione funeraria e Domodossola, citata nelle fonti letterarie tardoantiche e altomedievali.

Gli altri insediamenti, seppur ben distribuiti, non paiono raggiungere mai un livello di organizzazione para-urbana paragonabile alle vicine Angera, Locarno, Bellinzona o a Chiavenna, tanto per restare nell'area d'indagine.

Si tratta certamente di grandi villaggi, sui quali resta ancora molto da indagare per definirne la reale ampiezza e l'organizzazione socio-economica, ma che giustificano limitati traffici commerciali, se non a corto raggio.

Il valore viabilistico dell'Ossola, in realtà, rimane probabilmente legato a rapporti umani locali, tra gruppi indigeni degli opposti versanti alpini, che stagionalmente sfruttavano i percorsi vallivi per comunicare, commerciare i propri prodotti, forse praticare un piccolo allevamento secondo la tecnica dell'alpeggio.

Solo in qualche caso sembrerebbe che l'Ossola sia brevemente entrata nell'ottica statale per quanto riguarda la sua vocazione transalpina, ma se e quanto tali percorsi siano stati effettivamente sfruttati non appare affatto chiaro.

D'altra parte anche sul versante opposto delle Alpi il Vallese pare chirurgicamente diviso in due settori molto differenti, sia dal punto di vista della componente culturale, sia da quello dell'attenzione che vi dedicò l'apparato statale romano.

Se il Basso Vallese, a occidente, conobbe una precoce romanizzazione, con la fondazione di colonie e l'inserimento delle élites locali nei quadri dirigenziali dell'impero, l'Alto Vallese, confinante con l'Ossola, rimase al di fuori delle rotte commerciali, legato alle tradizioni culturali indigene e piuttosto restio ad abbandonarle.

Si spiega così, forse semplicisticamente, il disinteresse per l'intero sistema-territorio dell'Ossola, soprattutto per le sue infrastrutture viabilistiche: dall'Ossola si attingevano solamente materie prime, specialmente pietra e marmo, senza che l'area entrasse decisamente nei circuiti commerciali padani.

3 – *Politica economica e rete commerciale.*

Il terzo fattore che sembra aver influenzato in maniera decisiva lo sviluppo e l'utilizzo delle singole rotte di valico transalpino è individuabile nel generale svolgersi dell'economia su scala transnazionale,.

I traffici e i commerci lungo le direttrici stradali attraverso le Alpi centrali sembrano rispettare, infatti, i modi e i tempi delle diverse produzioni manifatturiere nelle varie regioni della *Res Publica* dapprima e dell'Impero poi, ormai ben note e delineate, sia per quanto riguarda le aree di origine, sia per la loro rete distributiva.

Proprio dall'analisi della distribuzione delle singole classi di materiale, in particolare di quello ceramico ma non solo, si evince piuttosto chiaramente come le scelte legate ai percorsi transalpini siano determinate dalla macroeconomia e dal rapporto tra produzioni provinciali e domanda dai *municipia* italici, in particolare settentrionali.

Per i primi due secoli della presenza stabile di Roma in Transpadana appare sempre più evidente che i valichi retici orientali abbiano funzionato come asse privilegiato per le esportazioni di prodotti italici verso nord; fossile guida, in questo senso, è senza dubbio la terra sigillata, che rappresenta la quasi totalità delle importazioni negli insediamenti lungo la viabilità per Coira e nei principali abitati dei territori settentrionali.

Nel comprensorio del Ticino, invece, la diffusa presenza di materiali italici, vasellame fine da mensa ma anche oggetti in bronzo di fabbrica campana, costituisce più il sintomo principale del processo di romanizzazione in atto nella zona che un fenomeno legato a rapporti commerciali su larga scala. Seppur fosse sfruttata già in questa prima fase la via per il San Bernardino, i prodotti d'importazione sembrerebbero limitarsi ai centri maggiori del fondovalle, dove presto nacquero anche *ateliers* locali per soddisfare l'ingente domanda del mercato; nei relativamente numerosi contesti archeologici individuati lungo la Mesolcina appare alquanto limitata la presenza di produzioni di pregio, fino a rappresentare casi eccezionali.

Analogamente si deve pensare per la Val d'Ossola, dove giungevano prodotti italici in buona quantità, che però dovevano soddisfare una domanda locale.

Differentemente , nei secoli centrali dell'Impero la quasi totalità dei prodotti d'importazione proviene dalla Gallia orientale, una volta cessata o diminuita sensibilmente la spinta produttiva delle botteghe padane. La presenza in particolare di vasellame in terra sigillata gallica, documentata dalla ricerca archeologica negli ultimi anni a *Comum* e *Mediolanum*, ma già nota a Chiavenna e lungo il Ticino, permette di individuare un asse di penetrazione di tali materiali nelle Alpi Centrali, tramite Coira. Sia che vi giungessero risalendo il Reno, sia che vi fossero portati attraverso il Vallese, il passo dell'Oberalp e la valle del Reno Anteriore, i produttori gallici esportavano senza dubbio i loro oggetti anche tramite i passi retici, lungo i quali è documentata una distribuzione ben attestata e capillare.

La contrazione dei mercati dopo il IV secolo d.C., in concomitanza con l'instabilità delle frontiere settentrionali e i movimenti di gruppi allogeni entro i confini dell'impero, si documenta anche nel settore indagato, dove si rinvengono pochi materiali d'importazione, per lo più africani, in misura di molto inferiore orientali.

Si sviluppa, invece, un intenso utilizzo delle vie transalpine legate a commerci a breve raggio, come indicato dalla distribuzione di una materiale come la pietra ollare, reperibile in numerosi giacimenti sull'arco alpino e presente quasi ovunque in contesti coevi.

I diversi momenti della produzione e della commercializzazione dei suoi prodotti su scala internazionale, dunque, paiono capaci di influire sulle scelte viabilistiche e di conseguenza, d'intervento infrastrutturale, in misura alquanto vicina a fattori naturali o umani la cui impronta sul territorio sembrerebbe di maggior impatto, ma che in realtà al fattore economico risultano strettamente collegati.

Geomorfologia, antropizzazione e fattori economici, quindi, hanno definito nel settore territoriale indagato le modalità dell'utilizzo e dello sviluppo della rete stradale di valico, a partire dalla presenza romana in Transpadana e per tutto il mondo antico.

Solo con l'Altomedioevo la situazione politica costituì una causa determinante per una lunga cesura, quando la catena alpina si trovò di fatto a rappresentare il confine tra gruppi etnici antagonisti; e solo dall'VIII secolo, poi, si potè assistere alla ripresa delle antiche frequentazioni, sulla spinta di ineludibili motivazioni religiose legate alla pratica dei pellegrinaggi romei. Ma questa è un'altra storia.

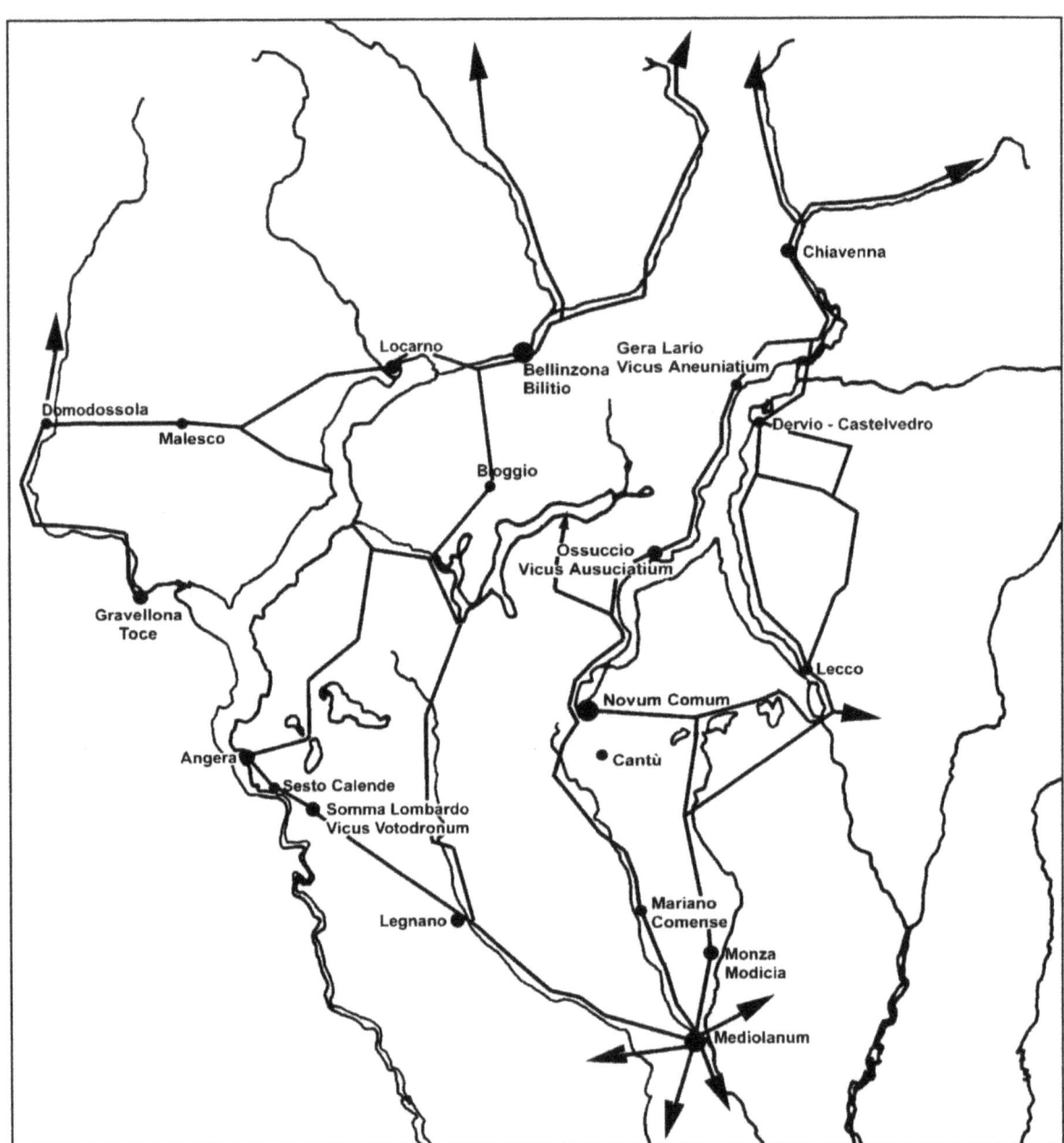

Fig. 71. Carta generale della viabilità d'età romana nel settore indagato.

ABBREVIAZIONI BIBLIOGRAFICHE

ABETEL E. 1991
Les établissement militaires dans les Alpes de Suisse orientale sous le Bas-Empire, in *Peuplement et exploitation du milieu alpin*. Actes du colloque (Belley, 2-4 iuin 1989), Caesarodunum XXV, Torino/Tours, pp. 11-32.

ADAM J.P. 1989
L'arte di costruire presso i Romani. Tecniche e materiali, Milano.

ALVAZZI G. 1943
Statuta Vallis Diverii, Novara.

AMORETTI C. 1992
Viaggio ai tre laghi Maggiore, di Lugano e di Como, Milano 1794 (rist. an. Lugano).

ANDENNA G.C. 1990
Le istituzioni ecclesiastiche locali dal V al X secolo, in *Storia religiosa della Lombardia. La diocesi di Milano*, I, Brescia, pp. 123-142.

Angera romana I
Angera romana. Scavi nella necropoli 1970-1979 (ed. G. SENA CHIESA), Roma 1985.

Angera romana II
Angera romana. Scavi nell'abitato 1980-1986 (ed. G. SENA CHIESA e M.P. LAVIZZARI PEDRAZZINI), Roma 1995.

Antichi Silenzi 1996
Antichi Silenzi. La necropoli romana di San Lorenzo di Parabiago, Legnano.

ANTICO GALLINA M.V. 1993
L'assetto territoriale di Comum: alcune ipotesi di lavoro, in *Novum Comum 2050*. Atti del convegno celebrativo della fondazione di Como romana (Como, 8-9 novembre 1991), Como, pp. 291-313.

ARDOVINO A.M. 1990-91
Alcune considerazioni sulle fonti sulla Lombardia preromana, in "Sibrium" 21, pp. 265-276.

ARDOVINO A.M. 1998
L'area padana tra IV e II secolo a.C., in *Tesori della Postumia. Archeologia e storia intorno a una grande strada romana alle radici dell'Europa*, catalogo della mostra (Cremona 1998), Milano, pp. 37-44.

ARDOVINO A.M. 1999
Nullos praeceptores habemus, in *Milano tra l'età repubblicana e l'età augustea*. Atti del Convegno di studi (Milano 1999), Milano, pp. 11-18.

ARIATTA M. 1990
Il confine meridionale della Raetia, in "RAComo" 172, pp. 201-227.

ARIATTA M. 1993
Il confine tra il distretto romano della Raetia/Vindelicia e l'Italia, II, in "RAComo" 175, pp. 157-187.

ARSLAN E A. 1998
Problemi di circolazione monetaria in Piemonte dal V all'VIII secolo, in *Archeologia in Piemonte, III. L'età medievale* (ed. L. MERCANDO e E. MICHELETTO), Torino, pp. 289-308.

Atti Castelseprio 1973
Atti della I giornata di aggiornamento su Castelseprio (Castelseprio 1972), in "Rassegna Gallaratese di Storia e Arte" 119.

Atti Castelseprio 1978-79
Atti della II giornata di aggiornamento su Castelseprio (Castelseprio 1978), in "Sibrium" 14.

BALATTI M. 1995
Su per lago di Como, di ver Lamagnia, è valle di Chiavenna, in *Via Regina* 1995, cit., pp. 529-550.

BALBIANI A. 1957
Il musaico romano di Lierna e le tombe recentemente trovate nel Mandellasco, in "RAComo" 139, pp. 17-22.

BALDACCI P. 1983
Il territorio del Verbano orientale in età celtica e romana, in *Angera e il Verbano orientale nell'antichità. Giornata di studi* (Angera 1982), Milano, pp. 139-147.

BALDACCI P. 1986
Indigeni in Cisalpina, in *Scritti in ricordo di Gabriella Massari Gaballo e di Umberto Tocchetti Pollini*, Milano, pp. 93-98.

BANDELLI G. 1990
Colonie e municipi delle regioni transpadane in età repubblicana, in *La città nell'Italia settentrionale in età repubblicana. Morfologie, strutture e funzionamento dei centri urbani delle regiones X e XI*. Atti del convegno (Trieste, 13-15 marzo 1987), Collection de l'Ecole Française de Rome 130, Roma, pp. 251-277.

BANDELLI G. 1998
La penetrazione romana e il controllo del territorio, in *Tesori della Postumia. Archeologia e storia intorno a una grande strada romana alle radici dell'Europa*, catalogo della mostra (Cremona 1998), Milano, pp. 147-155.

BANZI E. 1995
Geomorfologia del territorio di Angera e viabilità in età romana, in *Angera romana II*, cit., Roma, pp. 3-16.

BANZI E. 1999
I miliari come fonte topografica e storica. L'esempio della XI Regio (Transpadana) e delle Alpes Cottiae (Collection de l'École Française de Rome 254), Roma.

BARBANTI L. 1997
Vicende remote e recenti della conca verbanese, in "Verbanus" 18, pp. 279-345.

BARELLI V. 1874
Recenti scoperte archeologiche, in "RAComo" 4, pp. 22-28.

BARELLI V. 1876
Recenti ispezioni e scoperte, in "RAComo" 9, pp. 1-8.

BAROCELLI P. 1918
Ameno. Tombe romane scoperte nella frazione Lortallo, in "NSc", pp. 81-84.

BAROCELLI P. 1924
La strada e le costruzioni romane della Alpis Graia, in "Memorie della Reale Accademia delle Scienze di Torino", s. II, LXVI, pp. 1-23.

BAROCELLI P. 1924a
Piccolo San Bernardo (Alpis Graja). Esplorazione della zona archeologica, in "NSc", pp. 385-392.

BASERGA G. 1916
Memorie galliche e gallo-romane, in "RAComo" 73-75, pp. 59-80.

BASERGA G. 1927
Antichità romane scoperte in Como e nella regione comasca, in "RAComo" 92-93, pp. 170-186.

BASERGA G. 1928
Notiziario d'Archeologia e d'Arte, in "RAComo" 94-95, pp. 189-215.

BASERGA G. 1929
Notiziario di Archeologia e d'Arte, in "RAComo" 96-98, pp. 261-272.

BASERGA G. 1931
Notiziario d'Archeologia e d'Arte, in "RAComo" 102-104, pp. 243-258.

BASERGA G. 1936
Notiziario di Archeologia e d'Arte, in "RAComo" 111-113, pp. 308-316.

BASERGA G. 1937-38
Notiziario d'Archeologia e d'Arte, in "RAComo" 115-116, pp. 237-244.

BAZETTA G.G. 1893
Le tombe romane di Masera, in "Oscella", anno I, n. 12.

BELLEZZA A. 1964
Alla scoperta dell'Ossola romana, in "Bollettino Storico della Provincia di Novara" LV, 2, pp. 3-8.

BELLONI L. M. 1995
Hospitales e Xenodochii, loro funzione e finalità, in *Via Regina*, cit., pp. 475-486.

BELLONI ZECCHINELLI M., BELLONI L.M. 1997
Hospitales, xenodochii, mercanti e pellegrini. L'Hospitalis de Stabio, Como.

BELLONI ZECCHINELLI M. 1960
La strada Regina nella storia e nel paesaggio, Como.

BELLONI ZECCHINELLI M. 1995
Il Passo di San Jorio nei secoli, in *Via Regina*, cit., pp. 487-496.

BERGAMINI SIMONI M. 1979
Rinvenimenti di terra sigillata della Gallia dell'est a Chiavenna (Sondrio), in "Rei Cretariae" XIX/XX (Parigi 1977), Parigi, pp. 53-63.

BERNASCONI B. 1902
Braccialetti ed anelli gallici, in "RAComo" 46, pp. 68-71.

BERTAMINI T. 1972
Oscela romana, in "Oscellana" 2, pp. 126-129.

BERTAMINI T. 1972a
Una tomba di età romana a Santa Maria Maggiore in Val Vigezzo, in "Oscellana" 2, pp. 102-104.

BERTAMINI T. 1974
Note archeologiche, in "Oscellana" 4, pp. 205-206.

BERTAMINI T. 1977
Cronache del Castello di Mattarella, in "Oscellana" 7, pp. 57-60.

BERTAMINI T. 1979
Note archeologiche, in "Oscellana" 9, p. 206.

BERTAMINI T. 1980
Note archeologiche, in "Oscellana" 10, pp. 32-33.

BERTOLONE M. 1931
Scoperte archeologiche nell'agro gallaratese, in "RAComo" 102, pp. 23-52.

BERTOLONE M. 1932-33
Scoperte archeologiche nella provincia di Varese, in "RAComo" 105-107, pp. 141-157.

BERTOLONE M. 1937-38
Terme romane ad Oriano e Vergiate, in "RAComo" 115-116, pp. 26-35.

BERTOLONE M. 1939
Lombardia romana, II. Ritrovamenti e scavi di antichità romane, Milano.

BIAGGIO SIMONA S. 1994
L'epoca romana: un aggiornamento, in "AS" 17, 2, pp. 64-68.

BIAGGIO SIMONA S. 1997
Le condizioni della ricerca e degli studi archeologici in Ticino. La situazione attuale e le prospettive future, in *Archeologia della Regio Insubrica. Dalla preistoria all'Alto Medioevo*. Atti del convegno (Chiasso 5-6 ottobre 1996), Como, pp. 89-111.

BIAGGIO SIMONA S. 1999
Regione H: Ticino, in *Römische keramik in der Schweiz/ Céramique romaine en Suisse/ Ceramica romana in Svizzera* (ed. C. SCHUCANY, S. MARTIN-KILCHER, L. BERGER, D. PAUNIER), Basel, pp. 224-241.

BIAGGIO SIMONA S. 2000
Leponti e Romani: l'incontro tra due culture, in *Leponti tra mito e realtà*, II, cit., pp. 261-283.

BIAGGIO SIMONA S. 2000a
La necropoli di Giubiasco. Osservazioni preliminari sui materiali di età romana, in *Leponti tra mito e realtà*, II, cit., pp. 293-304.

BIAGGIO SIMONA S., BUTTI RONCHETTI F. 1999
Céramiques fines et céramiques communes au sud des Alpes: quelques formes à diffusion régionale du canton du Tessin et des régions limitrophes, in Actes du Congès de SFECAG (Friburgo 1999), ed. L. RIVET, Marseille, pp. 139-156.

BIANCHI A. 1977
Il castello di Cuasso, in "Rivista della Società Storica Varesina" XI, pp. 113-136.

BIANCHI R. 1995
La via Regina negli Statuti del 1335, in *Via Regina*, cit., pp. 393-446.

BINAGHI LEVA M.A. 1992-93
Arsago Seprio (Va). Necropoli tardo La Téne - età augustea, in "NSAL", pp. 93-94.

BINAGHI LEVA M.A. 1998
Legnano (MI), loc. Casina Pace. Necropoli romana, in "NSAL", p. 114.

BINAGHI M.A. 1998
Archeologia a Casale Litta, in *Casale Litta. Storia, costume, società* (ed. M. TAMBORINI), Gavirate, pp. 23-26.

BLOCKLEY P., FRIGERIO P., NICCOLI C. 1995
Strada Regina: rilevamento di carreggiate. Nota preliminare, in *Via Regina*, cit., pp. 299-320.

BOGNETTI G.P. 1948
S. Maria foris portas di Castelseprio e la storia religiosa dei Longobardi, Milano.

BONAPACE I.M. 1997
Dimore rurali della tradizione nel Trentino, Trento.

BONORA MAZZOLI G. 1992
Tecnica stradale nella Regio XI: la via Regina, in *Tecnica stradale romana* (ATTA 1), Roma, pp. 51-58.

BORCA F. 2002
Horridi montes. Ambiente e uomini di montagna visti dai gallo-romani, Aosta.

BORGHI A. 1971
Il castrum di S. Stefano e i ritrovamenti d'età romana a Lecco, in *Oblatio*. Studi in onore di A. Calderini, Como, pp. 211-245.

BORRI CANOVA G.A. 1666
Breve descrizione dell'origine dell'Ossola, Milano.

BRAMBILLA ET ALII 1991
L'insediamento rupestre del S. Martino di Lecco, in "RAComo" 173, pp. 105-118.

BREDA A. 1996
La ceramica della fornace di via Platina a Cremona, in *Cremona e Bedriacum in età romana. 1. Vent'anni di tesi universitarie* (ed. G.M. FACCHINI, L. PASSI PITCHER, M. VOLONTÈ), Milano, pp. 49-63.

BROGGINI R. 1989
Itinerari tardoantichi nelle Alpi Centrali e cristianizzazione dell'Alto Verbano, in "Verbanus" X, pp. 219-241.

BROGIOLO G.P. 1997
Ricerche archeologiche su tardoantico e altomedioevo tra Ticino e Adda, in *Archeologia della Regio Insubrica. Dalla Preistoria all'Altomedioevo*, Atti del Convegno (Chiasso 1996), Como, pp. 67-88.

BROGIOLO G.P., CARVER M.O. 1982
Santa Maria foris portas di Castelseprio, in "NSAL", pp. 77-78.

BROGIOLO G.P., CASTELLETTI L. 2001
Archeologia a Monte Barro, II. Gli scavi 1990-1997 e le ricerche al S. Martino di Lecco, Lecco.

BROGIOLO G.P., LUSUARDI SIENA S. 1980
Nuove indagini archeologiche su Castelseprio, in *Atti del VI Congresso Internazionale di Studi sull'Altomedioevo* (Milano 1978), Spoleto, pp. 474-499.

BRUNO B. 1983
Vergiate (Va). Resti di villa romana, in "NSAL", p. 59.

BUTTI RONCHETTI F. 1997
Necropoli romane del Canton Ticino: osservazioni su alcuni aspetti e caratteristiche, in *Archeologia della Regio Insubrica. Dalla preistoria all'Alto Medioevo*. Atti del convegno (Chiasso 5-6 ottobre 1996), Como, pp. 267-282.

BUTTI RONCHETTI F. 2000
La necropoli di Airolo-Madrano. Una comunità alpina in epoca romana (Studi archeologici, 1), Bellinzona.

BUTTI RONCHETTI F. 2000a
Continuare a sentirsi Leponti nel vasto impero romano, in *Leponti tra mito e realtà*, II, cit., pp. 347-361.

BUXTON R.G.A. 1990
Montagnes mytiques, montagnes tragiques, in "Ktema" 15, pp. 163-172.

CAIMI R., UBOLDI M. 2000.
Gli scavi nel sito fortificato di Pellio Intelvi (CO), in "RAComo" 182, pp. 145-179.

CALLERI G. 1985
La Bessa. Documentazione sulle aurifodinae romane nel territorio biellese, Biella.

CANTARELLI F. 1996
Catalogo del lapidario dei Musei Civici di Varese, Milano.

CAPIS G. 1673
Memorie della corte di Mattarella o sia del borgo di Duomo d'Ossola, Milano.

CAPOGROSSI COLOGNESI L. 2002
Pagi, vici e fundi nell'Italia romana, in "Athenaeum" 90, 1, pp. 5-48.

CAPORUSSO D. 1995-97
Argegno (CO), loc. Castello. Resti del castello bassomedievale, in "NSAL", pp. 131-132.

CAPORUSSO D. 1998
L'Isola Comacina e il territorio di Ossuccio. Cronache e ricerche archeologiche negli scritti di Luigi Mario Belloni e Mariuccia Belloni Zecchinelli, Milano.

CAPORUSSO D. 2001
Como: i rinvenimenti archeologici di viale Varese, in "NAC" XXX, pp. 229-234.

CAPORUSSO D., BLOCKLEY P. 1995
Ossuccio (Como), scavi archeologici nella chiesa dei SS. Sisinnio e Agata, in Via Regina, cit., pp. 243-250

CAPORUSSO D., BLOCKLEY P., GUIDO S. 1996
Gera Lario (CO), Chiesa di San Vincenzo martire: scavi archeologici e restauro di un mosaico romano, in "RAComo" 178, pp. 5-48.

CARAMELLA P., DE GIULI A. 1981
La tomba romana di Baceno, in "Oscellana" 11, pp. 77-80.

CARAMELLA P., DE GIULI A. 1982
Un secolo di scoperte archeologiche in provincia, in "Oscellana" 12, pp. 153-156.

CARAMELLA P., DE GIULI A. 1983
Un secolo di scoperte archeologiche in provincia, in "Oscellana" 13, pp. 79-85.

CARAMELLA P., DE GIULI A. 1988
Un secolo di scoperte archeologiche in provincia, in "Oscellana" 18, pp. 56-61.

CARAMELLA P., DE GIULI A. 1993
Archeologia dell'Altonovarese, Mergozzo.

CARDANI VERGANI R. 1998
Bioggio: un esempio di continuità civile e culturale dalla Romanità al Medioevo, in "AS" 21, 4, pp. 155-162.

Carta Archeologica 1993
Carta Archeologica della Lombardia, III. Como. La città murata e la convalle (ed. M. UBOLDI), Modena.

Carta Archeologica 1994
Carta Archeologica della Lombardia, IV. La Provincia di Lecco (ed. S. CASINI), Modena.

CARVER M.O. 1987
Castelseprio. Scavi attorno a S. Maria foris portas, in "NSAL", pp. 79-81

CASSANI L. 1962
Repertorio di antichità preromane e romane rinvenute nella provicia di Novara, Novara.

CASSOLA F. 1974
I rapporti tra Roma e la Gallia Cisalpina nell'età delle Guerre Puniche, in "AAAd" V, pp. 11-22.

CASSOLA F. 1991
La colonizzazione romana della Transpadana, in Die Stadt in Oberitalien und in den nordwestlichen Provinzien des Römischen Reichs (ed. W. ECK e H. GALSTERER), Mainz, pp. 19-44.

Castellanza nella Storia 2002
Castellanza nella storia. La ricerca archeologica (ed. M.A. BINAGHI LEVA), Castellanza.

CASTELLETTI L. 2001
Impatto ambientale umano dalla Tarda età del Bronzo alla romanizzazione in Lombardia, in La Protostoria in Lombardia. Atti del 3° Convegno Archeologico Regionale (Como 1999), Como, pp. 465-484.

CASTELLETTI L., ROTTOLI M. 1998
Breve storia dei boschi padani prima e dopo la conquista romana, in Tesori della Postumia. Archeologia e storia intorno a una grande strada romana alle radici dell'Europa, catalogo della mostra (Cremona 1998), Milano, pp. 46-57.

CASTELLETTI L., ROTTOLI M. 1998a
Il paesaggio antropizzato romano, in Tesori della Postumia. Archeologia e storia intorno a una grande strada romana alle radici dell'Europa, catalogo della mostra (Cremona 1998), Milano, pp. 175-183.

Castelseprio 1287. Prima e dopo
Castelseprio 1287. Prima e dopo. Atti del Convegno Internazionale (Castelseprio 24-26 settembre 1987), in "Sibrium" XIX, 1987-88.

CASTOLDI M. 2001
Tra Insubri e Leponti: la diffusione dei recipienti di bronzo lungo l'asse Ticino-Verbano (III sec. a.C. – I sec. d.C.), in *Il modello romano in Cisalpina. Problemi di tecnologia, artigianato e arte* (Flos Italiae 1), ed. G. SENA CHIESA, Milano, pp. 75-92.

CAVADA E. 1994
Gli edifici: le parti del tutto, in *Archeolgia a Mezzocorona. Documenti per la storia del popolamento rustico d'età romana in area atestina* (ed. E. CAVADA), Trento, pp. 64-90.

CAVANNA 1982
Il patto di Torre (febbraio 1182). Gli antecedenti e la formazione della comunità di Val Blenio, Bellinzona.

CHEVALLIER R. 1988
Geografia, archeologia e storia della Gallia Cisalpina, Torino.

CHEVALLIER R. 1997
Les Voies Romaines, Parigi.

CIL V
MOMMSEN T., *Corpus Inscriptionum Latinarum*, V, 1, Berlin 1872.

COMOLLI R.B., ZANZI L. 1999
Tracce di storia dell'abbazia di S. Gemolo in Valganna, Gavirate.

CONRAD H. 1934
Neue Feststellungen auf dem Septimer, in "BM", pp. 193-205.

CONRAD H. 1936
Das römische Passheiligtum auf dem Julier, in "BM", pp. 119 ss.

CONRAD H. 1935
Neue Feststellungen auf dem Septimer, in "BM", pp. 366-377.

CONRAD H. 1938
Das römische Passheiligtum auf dem Julier, in "BM", pp. 87-90.

CONRAD H. 1939.
Neue Feststellungen auf dem Septimer, in "BM", pp. 318-321.

CONSALVI 1999
La strada romana dell'Ossola. Status quaestionis e appunti per una ricerca, in *I sepolcreti di Ornavasso*, cit., IV, pp. 575-613.

CONTI C. 1932
Edizione archeologica della Carta d'Italia al 100.000, IGM, Foglio 30 (Varallo Sesia), Firenze.

COOLIDGE W.A.B. 1990
Il popolo delle Alpi e altri scritti, Anzola d'Ossola.

CORADAZZI G. 1989
Musso e le sue antiche strade, in "RAComo" 171, pp. 299-316.

CORADAZZI G. 1991
La via Regina nella storia, nelle strutture, nei documenti, in "RAComo" 173, pp. 37-

CRIVELLI A. 1977
La necropoli di Giubiasco, in "RAComo" 159, pp. 5-98.

DE ANGELIS D'OSSAT M. 1988-89
Cremia, loc. Vercana (CO). Saggi archeologici relativi alla strada Regina, in "NSAL", pp. 118-119.

DE GIULI A. 1973
Ritrovamenti archeologici in Mergozzo. La necropoli romana di Praviaccio, in "Bollettino Storico della Provincia di Novara", pp. 52-70.

DE GIULI A. 1974
Ritrovamenti archeologici in Mergozzo. La necropoli romana della "Cappella", in "Bollettino Storico della Provincia di Novara", pp. 3-11.

DE GIULI A. 1978
Reperti di epoca romana al Mattarella, in "Oscellana" 8, pp. 189-191.

DE GIULI A., TUFFANELLI F. 1978
Resti di fornace per laterizi ed altre strutture antiche rinvenute a Mergozzo, in "Oscellana" 8, pp. 16-23.

DE GIULI A., ZANCA A. 1980
La necropoli di Bannio Anzino e il contesto archeologico ossolano, in "Oscellana" 10, pp. 126-140.

DE MARCHI P.M. 1994-1999
Il territorio della giudicaria del Seprio in età longobarda: le fonti archivistiche e i ritrovamenti archeologici. Note preliminari, in "Sibrium" 23, pp. 405-441.

DE MARCHI P.M. 1997
L'Altomedioevo in Ticino. I ritrovamenti d'età longobarda, in Archeologia della Regio Insubrica. Dalla preistoria all'Alto Medioevo. Atti del convegno (Chiasso 5-6 ottobre 1996), Como, pp. 283-329.

DE MARCHI P.M. 1999
Insediamenti longobardi e castelli tardoantichi tra Ticino e Mincio, in Le fortificazioni del Garda e i sistemi di difesa dell'Italia Settentrionale tra Tardo Antico e Alto Medioevo. II Convegno Archeologico del Garda (Gardone Riviera 1998), ed. G.P. BROGIOLO, Mantova, pp. 109-136.

DE MARINIS R. C. 1988
La cultura di Golasecca: Insubri, Orobi e Leponzi, in Italia omnium terrarum alumna (ed. G. PUGLIESE CARRATELLI), Milano, pp. 159-247.

DE MICHELE V., ZELIOLI A. 1995
Le cave di Olgiasca, in Via Regina, cit., pp. 342-346.

DE VIT V. 1875
Il Lago Maggiore, Stresa e le Isole Borromee, I, Prato.

DEL GIORGIO A. 1975
Samolaco ieri e oggi, in "Raccolta di Studi storici sulla Valchiavenna" 4, pp. 26 ss.

DELLA CASA P. 2000
Mesolcina Praehistorica: Mensch und Naturraum in einem Bündner Südalpental vom Mesolithicum bis in römische Zeit (UPA 67), Bonn.

DENTI M. 1991
I Romani a nord del Po. Archeologia e cultura in età repubblicana e augustea (Biblioteca di Archeologia 15), Milano.

DEODATO A. 2001
Gravellona Toce tra Leponti ed Insubri. La necropoli, in Leponti tra mito e realtà. Atti del convegno (Locarno-Verbania 9-11 novembre 2001), Verbania.

DI MAIO P. 1998
Lungo il fiume. Terre e genti nell'antica Valle dell'Olona, Legnano.

DOLCI M. 2002
I rinvenimenti archeologici, in PIPPIONE M., Cassano Magnago. La nostra storia, Cassano Magnago, pp. 15-38.

DOLCI M. 2002a
Trasmissione, tesaurizzazione e recupero: anelli con intagli di reimpiego, in Gemme. *Dalla corte imperiale alla corte celeste* (ed. G. SENA CHIESA), Milano, pp. 19-26.

DOLCI M. 2002, in cds
Fortificazioni bizantine e longobarde sul Lario, tra vie di terra e vie d'acqua, in Ai confini dell'Impero. *Insediamenti e fortificazioni bizantine nel Mediterraneo occidentale (VI-VIII sec.).* Atti del convegno dell'Istituto Internazionale di Studi Liguri (Bordighera, 14-17 marzo 2002), in cds.

DOLCI M. 2003, in cds.
Dai laghi prealpini al Sopraceneri. Sviluppo diacronico della viabilita' antica tra il Varesotto e il Canton Ticino, in "Rassegna Gallaratese di Storia e Arte", n.s., I, in cds.

DOMERGUE C. 1998
La miniera d'oro della Bessa nella storia delle miniere antiche, in Archeologia in Piemonte, II. *L'età romana* (ed. L. MERCANDO), Torino, pp. 207-222.

DONATI P. 1981
Carta dei ritrovamenti romani nelle attuali terre del Canton Ticino, in "NAC" 10, Suppl., pp. 9-26.

DONATI P. 1983
Muralto. Park Hotel, in "AS" 6, 3, pp. 120-136.

DONATI P. 1984
Muralto. Park Hotel, in "AS" 7, 1, p. 23.

DONATI P. 1990
Un vicus in capo al Verbano: Muralto, in Milano capitale dell'Impero (286-402 d.C.). Catalogo della mostra (Milano 1990), Milano, pp. 243 ss.

DONATI P. 1993
Il Ticino romano, in Novum Comum 2050. Atti del convegno celebrativo della fondazione di Como romana (Como, 8-9 novembre 1991), Como, pp. 221-229.

DONNA D'OLDENICO G. 1971
Pombia tardoromana, in Oblatio. Scritti in onore di A. Calderini, Como, pp. 311-354.

DONNA D'OLDENICO G. 1972
Il castrum romano di Gravellona Toce custodia della via dell'Ossola, in "Oscellana" 2, pp. 21-43.

EHRENSPERGER C.P. 1990
Die Römerstrasse über den Julierpass, in "HA" 21, pp. 34-77.

ERB H., BRUCKNER A., MEYER E. 1966
Römische Votivaltäre aus dem Engadin, in Helvetia Antiqua. Festschrift fur E. Vogt, Zurich, pp. 223-228.

Etruschi 1987
Gli Etruschi a nord del Po. Catalogo della mostra (ed. R. DE MARINIS), Mantova.

FACCHINI G.M. 1997
Romanizzazione e romanità nella regione insubrica, in Archeologia della Regio Insubrica. *Dalla preistoria all'Alto Medioevo*. Atti del convegno (Chiasso 5-6 ottobre 1996), Como, pp. 55-66.

FACCHINI G.M., MARENSI A. 1998
La via Fulvia e il Forum Fulvii, in Tesori della Postumia. *Archeologia e storia intorno a una grande strada romana alle radici dell'Europa*, catalogo della mostra (Cremona 1998), Milano, pp. 223-226.

FELLMANN R. 1990
Le strade romane attraverso il Massiccio Alpino della Svizzera, in La Venetia nell'area padano-danubiana. Le vie di comunicazione, Atti del Convegno internazionale (Venezia, 6-10 aprile 1988), Padova, pp. 369-376.

FERRARESI C., RONCHI N., TASSINARI G. 1987
La necropoli romana di via Beltrami ad Arsago Seprio, in "RASMI" 39-40.

FERRERO E. 1889
Finero. Di un ripostiglio monetale scoperto nel territorio del comune, in "NSc", p. 263.

FERRERO E. 1890
Gran San Bernardo. Relazione degli scavi al Plan de Jupiter, in "NSc" pp. 294-306.

FERRERO E. 1892
Gran San Bernardo. Seconda relazione degli scavi al Plan de Jupiter, in "NSc" pp. 63-77.

FERRERO E. 1892a
Gran San Bernardo. Terza relazione degli scavi al Plan de Jupiter, in "NSc" pp. 440-450.

FESTORAZZI L. 1969
Sulle nostre conoscenze del mondo romano nel Chiavennasco, in Archeologia e storia della Lombardia pedemontana occidentale. Atti del convegno (Varenna, 1-4 maggio 1967), Como, pp. 105-126.

FORTUNATI ZUCCALA M. 1995
S. Maria Rezzonico: la "fortezza" tardoromana, in *Via Regina*, cit., pp. 289-294.

FRACCARO P. 1956
Il valico del Sempione nell'antichità, in *Il cinquantenario del traforo del Sempione, 1906-1956*. Convegno di studi per i rapporti scientifici e culturali italo-svizzeri, Roma-Milano, pp. 43-46.

FRECCHIAMI M. 1994
Il culto di S. Imerio a Bosto, Gavirate.

FRIGERIO P. 1992
Da Como allo Spluga. La strada Regina, in "Rev. Schweiz – Römerwege", pp. 69-85.

FRIGERIO P., PISONI G.P. 1979
Tracce di sistemi difensivi verbanesi nell'Altomedioevo, in "Verbanus" I, pp. 127-196.

FRIGERIO P., PISONI G.P. 1983
La torre e i "Domini" di Mesenzana, in *Angera e il Verbano orientale nell'antichità*. Atti della giornata di studio (Angera 1982), Milano, pp. 199-208.

FRIGERIO P., PISONI G.P. 1989
Protostoria delle pievi ambrosiane del Verbano: dati documentali e congetture, in "Verbanus" X, pp. 255-294.

FRISA MORANDINI A., GOMEZ SERITO M. 1999
Indagini sulla provenienza dei materiali lapidei, in *Epigrafi a Novara. Il Lapidario della Canonica di Santa Maria* (ed. D. BIANCOLINI, L. PEJRANI BARICCO, G. SPAGNOLO GARZOLI), Torino, pp. 125-140.

GABBA E. 1984
I Romani nell'Insubria: trasformazione, adeguamento e sopravvivenza delle strutture socio-economiche galliche, in *La Lombardia tra protostoria e romanità*. Atti 2° Convegno Archeologico Regionale (Como, 13-15 aprile 1984), Como, pp. 31-41.

GABOTTO F. 1907
I municipi romani in Italia settentrionale alla morte di Teodorico il grande, Pinerolo.

GALLI G. 1996
La ceramica a vernice nera di Cremona: i "vecchi scavi" (1953-1970), in *Cremona e Bedriacum in età romana. 1. Vent'anni di tesi universitarie* (ed. G.M. FACCHINI, L. PASSI PITCHER, M. VOLONTÈ), Milano, pp. 69-81.

GAMBARI F.M. 1994
Le origini della viticoltura in Piemonte, in *Viti e vigne del Piemonte antico*. Atti del convegno (Alba 1994), ed. R. COMBA, Alba, pp. 17-41.

GAMBARI F.M. 1999
La testa di S. Pietro di Dresio: una testimonianza di arte celtica dalla bassa Ossola, in "QSAP" 16, pp. 37-54.

GAROVAGLIO A. 1877
Necropoli galliche nella nostra provincia, in "RAComo" 12, pp. 8-16.

GAROVAGLIO A. 1881
Altra tomba gallica a Carate Lario, in "RAComo" 19, pp. 33-35.

GIAMPAOLO L. 1978-79
Castelseprio e Belforte in periodo federiciano, in "Sibrium" XIX, pp. 147-154.

GIUSSANI A. 1905
Il Forte di Fuentes, Como.

GIUSSANI A. 1907
Nuove iscrizioni preromane, romane e cristiane del territorio comasco, in "RAComo" 53-55, pp. 145-184.

GIUSSANI A.1908
L'iscrizione votiva di Olonio, in "RAComo" 56-58, pp. 29-38.

GIUSSANI A. 1928
Ara a Giove in Chiavenna e altre iscrizioni dal nostro territorio, in "RAComo" 94-95, pp. 37-45.

GIUSSANI A. 1930
Il passo dello Spluga nel corso dei secoli, in "RAComo" 99-101, pp. 26-68.

GIUSSANI A. 1931
Ara da Somma Lombardo, in "RAComo" 102-104, p. 70.

GRASSI M.T. 1983
Ricerche preliminari per l'aggiornamento della carta archeologica di Angera e del suo territorio, in *Angera e il Verbano orientale nell'antichità*. Atti della giornata di studio (Angera 1982), Milano, pp. 43-59.

GRASSI M.T. 1990-91
Insubri e Romani: un modello di integrazione, in "Sibrium" 21, pp. 279-291.

GRASSI M.T. 1991
I Celti in Italia, Milano.

GRASSI M.T. 1995
La romanizzazione degli Insubri. Celti e Romani in Transpadana attraverso la documentazione storica e archeologica (Collana di Studi di Archeologia Lombarda, 1), Milano.

GRASSI M.T. 2001
Gli Insubri, i Leponzi, il Ticino: le tracce della ceramica, in *Leponti tra mito e realtà*. Atti del convegno (Locarno-Verbania 9-11 novembre 2001), Verbania.

GRASSI V., MANNI C. 1990
Il Vergante. Il Lago Maggiore, Intra.

GRENSEMANN H. 1979
Das 24. Kapitel von De aeribus, aquis, locis und die Enheit der Schrift, in "Hermes" 107, pp. 423-441.

Gries 1998
Gries. Da Milano a Berna una via per l'Europa, Anzola d'Ossola.

GRIGNASCHI G. 1994
Il "Castelasc" di Cuasso, in "Calandari do ra Famiglia Bosina par or 1994", pp. 132-143.

GRILLI A. 1989
Problemi di antica viabilità lombarda, in *Die Römer in der Alpen*, Convegno storico (Salisburgo 1986), Bolzano, pp. 382-387.

GUERRONI A. 1982
Rilievi altomedievali dal S. Donato di Sesto Calende, in *Studi in onore di Mario Bertolone*, Varese, pp. 157-164.

HOCHULI-GYSEL A. 1999
L'arc alpin: la céramique à l'èpoque romaine dans les Grisons et dans la Vallée du Rhin alpin, in Actes du Congès de SFECAG (Friburgo 1999), ed. L. RIVET, Marseille, pp. 125-130.

HOCHULI-GYSEL A. ET ALII 1986
HOCHULI-GYSEL A., SIEGFRIED WEISS A., RUOFF E., SCHALTENBRANDT V., *Chur in römischer Zeit, 1. Ausgrabungen Areal Dosch* (Antiqua 12), Basel.

HOCHULI-GYSEL A. ET ALII 1991
HOCHULI-GYSEL A., SIEGFRIED WEISS A., RUOFF E., SCHALTENBRANDT V., *Chur in römischer Zeit, 2. Ausgrabungen Areal Market-hallenplatz, B. Historischer Uberblick* (Antiqua 19), Basel.

INNOCENTI L. 1979
La necropoli romana di Angera, in "Verbanus" 1, pp. 41-75

Insubri e Cenomani 1999
Insubri e Cenomani tra Sesia e Adige. Atti del seminario di studi (Milano, 27-28 febbraio 1998), in "RASMI" LXIII-LXIV, pp. 11-119.

JANOSA M. 1992
Archäologie in Graubünden, Coira.

JOUANNA J. 1996
Hippocrate: Airs, eaux, lieux, Paris.

KAENEL G. 2000
Les relations transalpines à l'Age du Fer; territoire „lépontien" – Suisse occidentale – Jura, in Leponti tra mito e realtà, II, cit., pp. 151-158.

LABUS G. 1843
Antica via romana del Sempione, in "Memorie del Regio Istituto Lombardo" I, pp. 1-20.

LANDUCCI GATTINONI F. 1991
I Salassi e il culto di Iuppiter Poeninus, in Peuplement et exploitation du milieu alpin. Actes du colloque (Belley, 2-4 juin 1989), Caesarodunum XXV, Torino/Tours, pp. 127-136.

LANGÈ S., VITALI F. 1984
Ville della provincia di Varese, Milano.

LAVIZZARI PEDRAZZINI M.P. 1995
Il quadro produttivo del vicus di Angera, in Angera Romana II, cit., pp. 603-644.

LAVIZZARI PEDRAZZINI M.P. 2000
L'attività produttiva nella zona del Ticino nell'età della romanizzazione, in Leponti tra mito e realtà, II, cit., pp. 285-291.

LECIEJEWICZ L., TABACZYNSKA E., TABACZYNSKI S. 1965
Gli scavi a Castelseprio nel 1962, in "Rassegna Gallaratese di Storia e Arte" 94, pp. 155-176.

Leponti tra mito e realtà
I Leponti tra mito e realtà, 1-2 (ed. R. DE MARINIS, S. BIAGGIO SIMONA), Locarno 2000.

LONGONI V. 1988
Monte Barro. Una gita nel tempo, Oggiono.

LORENZI 1995-97.
Premana (LC). Scavo di una fornace, in "NSAL", p. 144

LUCIONI A. 1990
Gli esordi del monachesimo fruttuariense nella diocesi di Milano: il priorato di S. Nicolao di Padregnano, in "ASL" 116, pp. 11-73.

LUCIONI A. 1998
Arona e gli esordi del monastero dei SS. Felino e Gratiniano (secoli X-XII), in Arona, *"Porta per entrare in Lombardia", tra Medioevo e età moderna* (ed. P. FRIGERIO). Atti del IX convito dei verbanisti (Arona, 9 maggio 1995), Verbania-Intra, pp. 19-78.

LUCIONI A. 2000
L'età altomedievale a Sesto Calende, in *Museo Civico di Sesto Calende*, cit., pp. 174-179.

LUCIONI A. 2000a
L'abbazia di S. Donato, in *Museo Civico di Sesto Calende*, cit., pp. 180-185..

LURASCHI G. 1977
Il "praefectus classis cum curis civitatis" nel quadro politico amministrativo del Basso Impero, in "RAComo" 159, pp. 151-184.

LURASCHI G. 1979
Foedus, ius Latii, civitas. Aspetti costituzionali della romanizzazione in Transpadana, Padova.

LURASCHI G. 1986
Nuove riflessioni sugli aspetti giuridici della romanizzazione in Transpadana, in *Atti del 2° Convegno archeologico regionale* (Como 1984), Como, pp. 43-65.

LURASCHI G. 1993
Aspetti giuridici e storici della fondazione di Novum Comum, in *Novum Comum 2050. Atti del convegno celebrativo della fondazione di Como romana* (Como, 8-9 novembre 1991), pp. 17-51.

LURASCHI G. 1995
Via Regina: inquadramento storico, in *Via Regina*, cit., pp. 59-76.

LURASCHI G. 1997
Storia di Como antica. Saggi di archeologia, diritto e storia, Como.

LUSUARDI SIENA S. 1982
Tra tarda antichità e medioevo: le fortificazioni di Castelseprio. Scavo di una casa medievale all'interno del castrum, in *Archeologia in Lombardia*, Milano, pp. 201-203.

LUSUARDI SIENA S. 1983
Castelseprio: scavi e ricerche 1977-80, in "Rassegna Gallaratese di Storia e Arte" 36.

MAGGI S. 1995
La via Mediolanum-Comum, in *Via Regina*, cit., pp. 45-52.

MAGNI A. 1913
Notiziario archeologico della regione comense, in "RAComo" 67-69, pp. 152-167.

MAGNI A. 1917-18
Notiziario archeologico della regione comense, in "RAComo" 76-78, pp. 142-156.

MAGNI A. 1919
Notiziario di Archeologia ed Arte della regione comense, in "RAComo" 79-81, pp. 182-215.

MAGNI A. 1924
Periodo romano, barbarico e cristiano a Bogno, in "RAComo" 88-89, p. 108.

MAGNI A. 1925
Del ripostiglio di Bogno, in "RAComo" 90, p. 129.

MALNATI L. 1988
L'origine di Regium Lepidi e il problema della romanizzazione dell'Emilia Romagna alla luce degli ultimi scavi, in *La formazione delle città in Emilia Romagna*, III (Studi e documenti di archeologia, IV), Bologna, pp. 103-152.

MANNONI T. 1995
Osservazioni archeologiche sull'antica via Regina, in *Via Regina*, cit., pp. 447-451.

MARIOTTI V. 1988-89
Casale Litta (Va), loc. S. Pancrazio. Edificio tardoromano, in "NSAL", p. 180.

MARIOTTI V. 1989.
Chiavenna Antica. L'età romana, Chiavenna.

MARIOTTI V. 1994
Arsago Seprio (Va). Necropoli longobarda, in "NSAL", p. 120.

MARIOTTI V. 1994a
Castellanza (Va), loc. Castegnate, centro civico San Carlo. Insediamento romano, in "NSAL", p. 110.

MARIOTTI V. 1995-97
Arsago Seprio (Va), via D'Annunzio. Strada glareata, in "NSAL", p. 110.

MARIOTTI V. 1998
Chiavenna (SO), via dei Cappuccini. Un deposito di età romana, in "NSAL", pp. 123-125.

MARIOTTI V. 1999
Insediamenti antichi in Valtellina e Valchiavenna. Nuovi e vecchi dati a confronto, in *Studio e conservazione degli insediamenti minori romani in area alpina*. Atti dell'incontro di studi (Folgaria, 20 settembre 1997), Bologna, pp. 171-179.

MARIOTTI V. 2001
Chiese rurali dell'area varesina. Scavi archeologici 1988-1993, in "RAComo" 183, pp. 89-120.

MARIOTTI V., MASSA S. 2000
Il vicus di Angera alle soglie dell'impero: nuovi dati dall'abitato, in *Milano tra l'età repubblicana e l'età augustea*. Atti del convegno di studi (Milano 1999), Milano, pp. 71-80.

MASSARI G., CASTOLDI M. 1985
Vasellame in bronzo romano. L'officina dei Cipii, Como.

MASTALLI P. 1995
Passo di Camedo, un percorso trasversale lungo la via Regina, in *Via Regina*, cit., pp. 497-502.

MASTORGIO C. 1976-78
La necropoli longobarda di Arsago Seprio, in "Rassegna Gallaratese di storia e arte", pp. 69-97.

MAZZOLENI A. 1991
Appunti sulle mansiones *in base ai dati acheologici*, in *Tecnica stradale romana* (ATTA 1), pp. 105-114.

MENNELLA G. 1992
Le iscrizioni rupestri della valle delle Meraviglie e della valle dell'Ossola, in *Rupes loquentes*. Atti del Convegno internazionale di studio sulle iscrizioni rupestri d'età romana in Italia, Roma, pp. 13-31.

MENNELLA G. 1998
Itinerari di culto nel Piemonte romano, in *Archeologia in Piemonte, II. L'età romana* (ed. L. MERCANDO), Torino, pp. 167-180.

MILLER K. 1916
Itineraria Romana. Römische Reisewege an der Hand der Tabula Peutingeriana, Stoccarda.

MOLLO MEZZENA R. 1992
La strada romana in Valle d'Aosta; procedimenti tecnici e costruttivi, in *Tecnica stradale romana* (ATTA 1), Roma, pp. 57-72.

MONNERET DE VILLARD U. 1912
Iscrizioni cristiane della Provincia di Como anteriori al secolo XI, in "RAComo" 65-66.

MONTI S. 1904
Di alcune iscrizioni romane dei dintorni di Como, in "RAComo" 48-49, pp. 68-83.

MORIGIA P. 1603
Historia della nobiltà et degna qualità del Lago Maggiore, Milano.

Museo Civico di Sesto Calende
Museo Civico di Sesto Calende. La raccolta archeologica e il territorio (ed. M.A. BINAGHI e M. SQUARZANTI), Gallarate 2000.

MUSSO L. 1983
Manifattura suntuaria e committenza pagana nella Roma del IV secolo: indagine sulla lanx *di Parabiago*, Roma.

NANGERONI G. 1955
Appunti sulle antiche variazioni di livello del Verbano e dei laghi di Comabbio e di Varese, in "Sibrium" II, pp. 235-236.

NAVONI M. 1990
Dai Longobardi ai Carolingi, in *Storia Religiosa della Lombardia. Diocesi di Milano*, I, Brescia.

NOBILE I. 1992
Necropoli tardoromane nel territorio lariano, Como.

NOBILE DE AGOSTINI I. 1994-99
La necropoli romana della Rasa di Velate (Varese), in "Sibrium" 23, pp. 261-374.

NOBILE DE AGOSTINI I. 1995
I reperti d'età romana, in *Via Regina*, cit., pp. 199-214.

NOBILE DE AGOSTINI I. 1995-97
Laino (CO). Località Castello. Sondaggi, in "NSAL", pp. 134-135.

NOBILE DE AGOSTINI I. 1996
Scavi presso la chiesa di S. Vittore. La campagna del 1996, in "*La Valle d'Intelvi. Quaderni APPACUVI 2*", pp. 32-33.

NOBILE DE AGOSTINI I. 1997
Documentazione archeologica di carattere funerario nel territorio lariano: l'età romana, in *Archeologia della Regio Insubrica. Dalla preistoria all'Alto Medioevo*. Atti del convegno (Chiasso 1996), Como, pp. 243-265.

NOBILE DE AGOSTINI I. 1998
Laino d'Intelvi, area circostante la Chiesa di S. Vittore. Campagna di scavo 1997, in "*La Valle d'Intelvi. Quaderni APPACUVI 3*", pp. 8-11.

NOBILE DE AGOSTINI I. 2001
Ricerche archeologiche a Laino, in "*La Valle d'Intelvi. Quaderno APPACUVI 6*", pp. 13-16.

NOBILE DE AGOSTINI I., RAPI M., UBOLDI M. 1999.
Reperti archeologici dalla Valle Intelvi al Museo di Como, in "*La Valle d'Intelvi. Quaderno APPACUVI 4*", pp. 13-26.

Nullus pagus 1990
Arsago. Nullus in Insubria pagus vetustior. Studi in onore di Silvio Pozzi, Varese.

PACCOLAT O. 1997
Le village gallo-romain de Brig-Glis (VS) / Waldmatte, in "AS" 20, 1, pp. 25-36.

PACCOLAT O. 2000
Les Ubères sous la domination romaine, in *Leponti tra mito e realtà*, cit., II, pp. 363-367.

PACCOLAT O., WIBLÉ F. 1997
L'habitat indigène du Valais romain: état de la question, in *Studio e conservazione degli insediamenti minori romani in area alpina*. Atti dell'incontro di studio (Folgaria del Friuli 20 settembre 1997), Bologna, pp. 199-206.

PANERO E. 1999
Il problema della doppia centuriazione di Novaria e le relazioni con la rete stradale per Ticinum e Mediolanum, in *Milano tra l'età repubblicana e l'età augustea*. Atti del Convegno di studi (Milano 1999), Milano, pp. 425-433.

Parco del Ticino
Archeologia nel Parco del Ticino, Quart 1995.

PATTARONI F. 1986.
La necropoli gallo-romana di Gravellona Toce, Novara.

PEJRANI BARICCO L. 1998
Orta S. Giulio. Il castrum sull'isola, in "QSAP" 15, pp. 234-237.

PENSA P. 1970-73.
Sui monti della Val dell'Esino i resti di un caposaldo arimannico di probabile origine bizantina, in "RAComo" 152-154, pp. 527-535

PENSA P. 1974
Il Castelvedro di Dervio, in "RAComo" 155-157, pp. 155-164

PENSA P. 1977
Le antiche vie di comunicazione del territorio del Lario e le loro funzioni, in *Il sistema fortificato dei laghi lombardi in funzione delle loro vie di comunicazione*. Atti delle giornate di studio (Varenna 1974), Como, pp. 147-206

PIANA AGOSTINETTI P. 1972
Documenti per la protostoria della Val d'Ossola. San Bernardo d'Ornavasso e le altre necropoli preromane, Milano.

PIANA AGOSTINETTI P. 1991
L'Ossola preromana, in "Oscellana" 21, pp. 193-262.

PIANA AGOSTINETTI P. 1995
Il Muro del Diavolo alla luce delle recenti scoperte archeologiche, in "Oscellana" 25, pp. 139-146.

PIANA AGOSTINETTI P. 1999
Il tesoro di Arcisate nel quadro della romanizzazione della Cisalpina, in "Sibrium" 23, pp. 85-127.

PIANA AGOSTINETTI P. 2000
La Val d'Ossola e le risorse minerarie del territorio dei Leponti, in *Leponti tra mito e realtà*, II, cit., pp. 105-125.

PIANA AGOSTINETTI P., PRIULI S. 1985
Il tesoro di Arcisate, in "AC" 37, pp. 182-237.

PLANTA A. 1976
Die römische Julierroute, in "HA" 7, p. 18.

PLANTA A. 1979
Der römische Fahrweg über Julier und Maloja, in "AS" 2,2, Suppl.

PLANTA A. 1979a
Versciedene Wege und ein unvollendetes Strasschen am Septimer, in "BM", pp. 212-228.

PLANTA A. 1979b
Zum Römischen Weg über den Grosser St. Bernhard, in "HA" 10, pp. 15-30.

PLANTA A. 1986
Verkehrswege im alten Rätien, 1-2, Coira.

PLANTA T. 1993
Le antiche strade dello Spluga, in "Quaderni del Centro studi storici valchiavennaschi" 8, Chiavenna.

POGGI C. 1888
Lapide cristiana scoperta a Cortabbio in Valsassina, in "RAComo" 31-40, pp. 23-26.

POLETTI ECCLESIA E. 2001
Gravellona Toce tra Leponti ed Insubri. L'abitato, in *Leponti tra mito e realtà*. Atti del convegno (Locarno-Verbania 9-11 novembre 2001), Verbania.

PRUNERI S. 2000
Geomorfologia e tracciati viari dell'area sestese, in *Museo Civico di Sesto Calende*, cit., pp. 138-144.

QUILICI L. 1999
La via Appia attraverso la gola d'Itri, in *Campagna e paesaggio nell'Italia antica* (ATTA 8), pp. 51-94.

RAGETH J. 1989
Die römische Mutatio von Riom (Oberhalbstein, Graubünden), in *Die Römer in den Alpen*, Convegno storico (Salisburgo 1986), Bolzano, pp. 155-166.

RAGETH J. 1992
Neue archäologische Beobachtungen in Tiefencastel, in "BM", pp. 71-107.

RAGETH J. 1994
Ein spätrömischer Kultplatz in einer Höhler bei Zillis (GR), in "Rivista svizzera d'arte e d'archeologia" 51, 3, pp. 141-172.

RAGHET J. 1995
Il percorso attraverso i valichi del Julier, del Settimo e dello Spluga in epoca romana, in Via Regina, cit., pp. 387-393.

RAGETH J. 2000
Grabünden in römischer Zeit, in "AS" 23, 2, pp. 47-57.

RAGETH J. 2000a
Ein römisches Dorf auf der Sonnenterrasse von Soglio, in "AS" 23, 2, pp. 84-88.

RATTI A. 1901
Bolla arcivescovile milanese a Moncalieri ed una leggenda inedita di S.Gemolo di Ganna, in "ASL", pp. 5-36.

RATTI E. 1981
Ipotesi topografiche e mutamenti di nome di Angera antica, in "Rivista della Società Storica Varesina" XV, pp. 315-331.

REALI M. 1989
Le iscrizioni latine del territorio comense settentrionale, in "RAComo" 171, pp. 208-298.

RIZZI E. 1986
I Conti di Biandrate e la Valle Anzasca, in "Oscellana" 16, pp. 97-112.

ROSSI S. 1996
Le caratteristiche geomorfologiche, in *Antichi silenzi*, cit., pp. 12-17

ROTA A. 1995
La riva di Chiavenna, in Via Regina, cit., pp. 551-554.

SCAFILE F. 1972
Una tomba romana scoperta in Crodo, in "Oscellana" 2, p. 133.

SCHWARZ G.T 1971
Das Misox in ur und-frühgeschischtlicher Zeit, in "HA" 2, pp. 27-48.

SENA CHIESA G. 1993
Il territorio di Comum: insediamenti, necropoli, popolamento, in *Novum Comum 2050*. Atti del convegno celebrativo della fondazione di Como romana (Como, 8-9 novembre 1991), Como, pp. 185-220.

Sepolcreti di Ornavasso
I sepolcreti di Ornavasso. Cento anni di studi, IV. Le necropoli di Ornavasso negli studi di protostoria europea e di archeologia romana (ed. P. PIANA AGOSTINETTI), Roma.

SETTIA A.A. 1989
Le frontiere del Regno italico nei secoli VI-IX: l'organizzazione della difesa, in "Studi Storici" 1, pp. 155-169.

SIMONE L. 1984
Somma Lombardo (Va). Strada romana, in "NSAL", p. 57.

SIRONI P. 1933
Archeologia e deduzioni storico-critiche sulla zona di Busto Arsizio, in "Rivista Gallaratese di storia e arte", pp. 3-8.

SIRONI P. 1962
Sulla via romana Mediolanum-Verbanus, in "ASL" 89, pp. 199-214.

SIRONI P. 1969
Note topografiche per il territorio dei municipia di Mediolanum e Comum, in *Archeologia e storia nella Lombardia pedemontana occidentale*. Atti delle giornate di studio (Varenna, 1-4 maggio 1967), Como, pp. 193-204.

Somma Lombardo 1985
Somma Lombardo. La ricerca archeologica come contributo alla storia del territorio. Catalogo della mostra, Somma Lombardo.

SPAGNOLO GARZOLI G. 1994
Contenitori da vino da contesti funerari di I sec. a.C. in area novarese, in *Viti e vigne del Piemonte antico*. Atti del convegno (Alba 1994), ed. R. COMBA, Alba, pp. 45-62.

SPAGNOLO GARZOLI G. 1998
Il popolamento rurale in età romana, in *Archeologia in Piemonte, II. L'età romana* (ed. L. MERCANDO), Torino, pp. 67-88.

SPAGNOLO GARZOLI G. 2000
Craveggia, loc. Marlè. Necropoli, in "QSAP" 17, pp. 221-222.

SPAGNOLO GARZOLI G. 2001
Leponti e Insubri: la romanizzazione di un'area di confine, in *Leponti tra mito e realtà*. Atti del convegno (Locarno-Verbania 9-11 novembre 2001), Verbania.

SPECULATOR 1973
Tombe di epoca romana a Folsogno (Re) in Val Vigezzo, in "Oscellana" 3, pp. 129-130.

Statuti delle strade 1992
Gli statuti delle strade e delle acque del contado di Milano (ed. A. STELLA), Milano.

STADLER H., MUHEIM H. 1989
Il San Gottardo e la Confederazione, in *Sulla "Via delle Genti"*, Museo Nazionale del San Gottardo, Bellinzona, pp. 27-52.

SUTERMEISTER G. 1928
Legnano romana, Legnano.

SUTERMEISTER G. 1952
Il sepolcreto del secolo I e II d.C. di Cerro - S. Vittore, in "Memorie della Società Arte e Storia" 13, pp. 16-54.

SUTERMEISTER G. 1960
Un altro sepolcreto romano a San Vittore Olona, in "Memorie della Società Arte e Storia" 18, pp. 28-33.

SUTERMEISTER G. 1960a
Casina Pace. Sepolcreto romano dei secoli I e II d.C., in "Memorie della Società Arte e Storia" 18, pp. 19-27.

TABACZYNSKA E., TABACZYNSKI S., KURNATOWSKI A. 1968
Gli scavi a Castelseprio nel 1963, in "Rassegna Gallaratese di Storia e Arte" 103.

TAGLIABUE S. 1995
Le cave di Musso, in *Via Regina*, cit., pp. 347-361.

TAMBORINI M. 1975
San Sepolcro presso Ternate: formazione ed evoluzione di un monastero nel secolo XI, in "Rivista della Società Storica Varesina" IX, pp. 55-92.

TAMBORINI M. 1981
Castelli e fortificazioni del territorio varesino, Varese.

TAMBORINI M., ARMOCIDA G. 1980
Fortificazioni minori sulla sponda lombarda del basso Verbano, in *Fortilizi del bacino verbanese*. Atti del convegno sulle fortificazioni del territorio del lago Maggiore, Intra, pp. 72-102.

TIZZONI M. 1991
Prime osservazioni sulle attività minerarie in Valsassina nei secoli XVI e XVII, in "RAComo" 173, pp. 119-130.

TOZZI P. 1988
L'Italia settentrionale di Strabone, in *Strabone e l'Italia antica*. Incontri perugini di storia della storiografia antica e sul mondo antico, II (ed. G. MADDOLI), Napoli, pp. 25-43.

TRAINA G. 1988
Paludi e bonifiche nel mondo antico, Roma.

UGGERI G. 1994
Metodologia della ricostruzione della viabilità romana, in "JAT" IV, pp. 91-100.

UGLIETTI M.C. 1982
Craveggia. Necropoli romana e altomedievale, in "QSAP" 1, pp. 166-170.

UGLIETTI M.C. 1983
Craveggia. Necropoli romana e altomedievale, in "QSAP" 2, pp. 169-171.

UGLIETTI M.C. 1984
Craveggia. Necropoli romana e altomedievale, in "QSAP" 3, pp. 166-267.

UGLIETTI M.C. 1985
Craveggia. Necropoli romana e altomedievale, in "QSAP" 4, p. 31.

UGLIETTI M.C. 1986
Craveggia. Necropoli romana e altomedievale, in "QSAP" 5, pp. 204-205.

VEDALDI IASBEZ V. 2000
I Lepontii e le fonti letterarie antiche, in *I Lepontii tra mito e realtà*, cit., II, pp. 243-259.

Via Regina 1995
L'antica via Regina. Tra gli itinerari stradali e le vie d'acqua del Comasco. Raccolta di studi, Como.

VOLONTE' A.M. 1996
Le ricerche e le scoperte a Parabiago prima degli anni '90, in *Antichi silenzi*, cit., pp. 23-39.

WALSER G. 1991
Corpus Mercatorum Cisalpinorum et Transpadanorum, in "Museum Helveticum" 48, pp. 169-175.

WALSER G. 1994
Studien zur Alpengeschichte in antiker Zeit (Historia Eizelschriften 86), Stuttgard.

WIBLE F. 2001
La romanisation du Haut-Valais et les relations avec le sud des Alpes, in *Leponti tra mito e realtà*. Atti del convegno (Locarno-Verbania 9-11 novembre 2001), Verbania.

ZACCARIA C. 1991
L'amministrazione delle città nella Transpadana (note epigrafiche), in *Die Stadt in Oberitalien und in den nordwestlichen Provinzien des Römischen Reichs* (ed. W. ECK e H. GALSTERER), Mainz, pp. 55-71.

ZIMOLO G.C. 1962
La navigazione nel comasco dalle origini ai nostri giorni, Como.

Referenze fotografiche e iconografiche
(per i titoli già citati in bibliografia si mantengono le stesse abbreviazioni).

Figg. 1, 8, 10, 16, 22, 34, 40: Archivio Iconografico Università degli Studi di Milano.

Figg. 2, 13, 36, 37, 48, 60, 61, 62, 63, 68, 70: Fotografie dell'autore.

Figg. 3, 7: da *Tesori della Postumia. Archeologia e storia intorno a una grande strada romana alle radici dell'Europa*. Catalogo della mostra (Cremona 1998), Milano 1998, p. 39 e p. 172.

Figg. 4, 9, 12: da MOLLO MEZZENA 1992, figg.

Figg. 5, 33: da SENA CHIESA 1991, figg. 2 e 41.

Figg. 6, 11, 14, 15: da CHEVALLIER 1997, p. 89 fig. 39, p. 151 fig. 92, p. 6 tav. XII, p. 288 fig. 185.

Figg. 17, 31, 32: da RAGETH 1989, figg. 1, 3, 4.

Fig. 18: da PAULI L., *Le Alpi: archeologia e cultura del territorio. Dall'Antichità al Medioevo*, Bologna 1983, p. 238.

Figg. 19, 26: da MARIOTTI 1989, pp. 23 e 21.

Fig. 20: da REALI 1995, fig. 1.

Fig. 21: da CAPORUSSO 2001, fig. 3.

Fig. 24: da FORTUNATI ZUCCALA 1995, p. 293 fig. 3.

Fig. 25: da BLOCKLEY-FRIGERIO-NICCOLI 1995, p. 313, fig. 4.

Figg. 28, 29, 30: da RAGETH 1995, figg. 1, 4, 6.

Fig. 38: da BORGHI 1971, p. 231 fig. 11.

Fig. 39: da BROGIOLO-CASTELLETTI 1991, p. 17.

Fig. 41: da DI MAIO 1998, p. 125.

Fig. 42: Archivio Storico Diocesi Milano

Fig. 43: da *Museo Civico di Sesto Calende* p. 140 fig. 152.

Fig. 44: da SENA CHIESA 1989, fig. 21.

Fig. 45: da BIAGGIO SIMONA 2000, p. 273 fig. 12.

Fig. 46: da *Castelseprio 1287. Prima e dopo*, p. 60.

Figg. 50, 51: da BUTTI RONCHETTI 2000, p. 119 fig. 33; p. 196 fig. 56.

Figg. 23, 27, 34, 47, 52, 54, 71: Elaborazioni cartografiche dell'autore.

Fig. 49: da BINAGHI 1998, fig. 1.

Fig. 55: da SPAGNOLO GARZOLI 2001, fig. 12.

Fig. 56: da DEODATO 2001, fig. 6.

Figg. 57, 58, 59: da POLETTI ECCLESIA 2001 figg. 4, 6, 8.

Figg. 53, 65, 66, 67: da CARAMELLA - DE GIULI 1991, p. 76, 141, tavv. X, LXXXVII.

Fig. 69: da PACCOLAT 2001, fig. 7.

Fig. 64: da MOLLI BOFFA G., *Tombe romane in Piemonte*, in *Archeologia on Piemonte, II. L'età romana* (a cura di L. MERCANDO), Torino 1998, p. 199, fig. 173.

ELENCO DELLE ABBREVIAZIONI UTILIZZATE NEL TESTO E IN BIBLIOGRAFIA

AAAd = Antichità Altoadriatiche. Atti delle Settimane di Studio Aquileiesi, Udine.

AC = Archeologia Classica, Roma.

AS = Archeologia Svizzera/Archäologie der Schweiz, Basilea

ASDM = Archivio Storico della Diocesi di Milano

ASL = Archivio Storico Lombardo, Milano

ASM = Archivio Storico di Milano

ATTA = Atlante Tematico di Topografia Antica, Bologna.

BM = Bündner Monatsblatt

CDL = Corpus Diplomaticus Longobardiae (ed. G. PORRO LAMBERTENGHI), Torino 1873.

HA = Helvetia Archeologica, Basel.

JAT = Journal of Ancient Topography, Roma

JbSGUF = Jahrbuch der Schweiz. Gesellschaft für Urgeschichte und Frühgeschichte, Zürich-Basel.

LNSM = Liber Notitiae Sanctorum Mediolanensium (ed. M. MAGISTRETTI, U. MONNERET DE VILLARD), Milano 1917.

NAC = Numismatica e Antichità Classiche. Quaderni Ticinesi di Archeologia, Lugano.

NSAL = Notiziario della Soprintendenza Archeologica della Lombardia, Milano.

NSc = Notizie degli Scavi di Antichità, Roma.

QSAP = Quaderni della Soprintendenza Archeologica del Piemonte, Torino.

RAComo = Rivista Archeologica dell'antica Provincia e Diocesi di Como, Como.

RASMI = Notizie dal chiostro del Monastero Maggiore. Rassegna di Studi del Civico Museo Archeologico e del Civico Gabinetto Numismatico di Milano, Milano.

Rei Cretariae = Rei Cretariae Romanae Fautorum Acta, Zürich.

Rev. Schweiz = Revue Schweiz, Zürich-Solothurn.

www.ingramcontent.com/pod-product-compliance
Lightning Source LLC
Chambersburg PA
CBHW041705290426
44108CB00027B/2865